亚圣春秋——孟子

曲春礼 张德苏 ○ 著

齐鲁人杰丛书

主编 任继愈 副主编 乔幼梅 邹宗良 贺立华

山东教育出版社

图书在版编目(CIP)数据

亚圣春秋——孟子/曲春礼,张德苏著.—济南:山东
教育出版社,2015

(齐鲁人杰丛书/任继愈主编)

ISBN 978－7－5328－9173－3

Ⅰ.①亚…　Ⅱ.①曲…②张…　Ⅲ.①传记文学—
中国—当代　Ⅳ.①Ⅰ25

中国版本图书馆 CIP 数据核字(2015)第 249142 号

齐鲁人杰丛书

主　编　任继愈

副主编　乔幼梅　邹宗良　贺立华

亚圣春秋——孟子

曲春礼　张德苏　著

出　版　者:山东教育出版社

(济南市纬一路 321 号　邮编:250001)

电　　话:(0531)82092664　传真:(0531)82092625

网　　址:www.sjs.com.cn

发　行　者:山东教育出版社

印　　刷:山东海博印务有限公司

版　　次:2016 年 4 月第 1 版第 1 次印刷

规　　格:787mm×1092mm　32 开本

印　　张:7.625 印张

插　　页:2 插页

字　　数:130 千字

书　　号:ISBN 978－7－5328－9173－3

定　　价:21.00 元

(如印装质量有问题,请与印刷厂联系调换)

印厂电话:0536－3501770

孟子像

孟府

孟母三迁祠

序

任继愈

山东教育出版社要出版一套《齐鲁人杰丛书》，这是一件很有意义的事。

我们的祖国是一个有着悠久历史和辉煌文化传统的文明古国，而山东则是中华文明的发祥地和重要地区之一，在中华民族的形成和发展史上做出了应有的贡献。近年来的考古发现已经证明，早在几十万年以前，"沂源人"就生息、繁衍、劳作在这块土地上，他们生活的年代与"北京人"大体相当。进入新石器时代，这里先后出现了后李文化、北辛文化、大汶口文化、龙山文化和岳石文化，形成了前后衔接的史前文化的完整序列，这在其他地区是十分少见的。

山东为齐鲁旧邦。西周初年齐鲁两国的建立，把西方周文化带到东方，与东夷文化相结合，造成新的文化优势，为后来秦汉以后的邹鲁、燕齐文化奠定了基础。齐与鲁对当时中国的政治、经济、军事、文化、科技等各个方面都产生了重大而深远的影响。孔子生于鲁国，他的思想学说不仅影响了中国，还影响到世界，成为世界人民共同的精神财富。此后孟轲、荀况发展了孔子的学说。鲁人墨翟是平民出身的政治家、科学家。孔墨两家成了战国时期的显学。孔墨之外，春秋战国时期的齐鲁地区人文荟萃，名家辈出，政治家如齐桓公、管仲、晏婴，军事家孙武、孙膑、田单，史学家如左丘明，工程技术专家鲁班，天文学家甘德，医学家扁鹊等。齐国稷下学宫，倡百家争鸣，大大地促进了学术文化的繁荣与发展，成为一时的学术中心。

下逮秦汉，中国进入大一统的封建社会。齐鲁文化博大精深的传统不断发扬光大，在此后两千年中，先后出现了公孙弘、诸葛亮、刘表、王导、王猛、房玄龄、刘晏、丘处机等政治家，彭越、羊祜、王敦、秦琼、王彦章、戚继光、邢玠等军事家，邹阳、东方朔、王粲、孔融、刘桢、徐干、左思、刘峻、刘勰、王禹偁、李清照、辛弃疾、张养浩、康进之、高文秀、谢榛、李开先、李攀龙、兰陵笑笑生、蒲松龄、孔尚任、王士禛等文学家，王羲之、王献之、颜真卿、李成、张择端、焦秉贞、高凤翰、刘墉等书画家，郑玄、王弼、刘熙、臧荣绪、邢昺、于钦、马骕、张尔岐、孔广森、郝懿行等经学家、史学家、文字学家，氾胜之、刘洪、王叔和、何承天、贾思勰、燕肃、王祯、白英、薛凤祚等科学家。几千年来，人才辈出，灿若繁星。

　　进入近代，山东地区的历史发展呈现出两个十分鲜明的特点。一是灾难和压迫深重。1840 年鸦片战争之后，随着中国社会殖民化程度的加深，先是帝国主义教会势力侵入山东，后是日、英侵占威海卫，德国侵占胶州湾。二是压迫越是深重，反抗越是激烈。山东人民不屈不挠，前仆后继，进行了艰苦卓绝的反侵略、反封建斗争。山东人民反"洋教"的巨野教案，威海人民反抗英军侵占威海卫的斗争，高密人民的反筑路斗争，宋景诗领导的黑旗军起义，曲诗文领导的抗捐抗税起义，捻军和山东抗清武装击败清亲王僧格林沁的壮举，都是山东近代史上可歌可泣的壮丽篇章。面对帝国主义瓜分中国的狂潮，阎书勤、赵三多等率先举起了"反清灭洋"的大旗，直至发展为声势浩大的义和团反帝爱国运动，更是写在中国近代历史上光辉的一页。

　　1919 年的五四运动是由山东问题引起的，山东人民则是这一运动的前驱。随着马克思主义的传播，王尽美、邓恩铭等建立了山东共产主义小组，山东成为全国建党最早的省份之一。抗日战争爆发后，在民族危亡的历史关头，山东党组织领导了冀鲁边、鲁西北、天福山、黑铁山、牛头镇、潍北、徂徕山、泰西、鲁东南、鲁南、湖西等抗日武装起义，山东军民创建了我党领导的山东战略根据地，山东大地上成长起了范筑先、张自忠、任常伦等民族英雄。在解放战争时期，山东人民参军参战，支援前线，配合华东解放军粉碎了国民党反动派的全面进攻和重点进攻，当时在山东境内发生的孟良崮、莱芜、济南、淮海等一系列重大战役的胜利，都直接地推动和影响了中国革命和中国历史的进程。

山东是一块有着悠久文化传统和光荣革命传统的土地，是一个英杰辈出的地方。作为一名山东人，我深以在故乡的土地上出现过一代又一代的文化名人和仁人志士而感到骄傲和自豪。《齐鲁人杰丛书》以文学传记的形式，将他们中的杰出人物介绍给广大读者，他们坚韧不拔、克服困难的精神给人以鼓舞，他们各具特色的人生经历和杰出贡献给人以启发。我们诚挚希望这套丛书能在弘扬祖国的传统文化，增强民族凝聚力，推进祖国的现代化建设中起到积极的作用。作为本丛书的撰写者，切盼得到广大读者的指正，以便作为今后进一步改进的依据。

目 录

三迁择邻

　　山东省济宁市所辖的邹城市，原名叫邹县。这里属于沂蒙山区的西部边缘，山峰不多，但座座秀美，峰峰绮丽。而最引人注目的则是邹城与曲阜之间的一座山，这座山南北走向，高不过百尺，宽不足一里，却逶迤绵延，有十五六里长。山脊背上有九座形态极为相似，距离几乎相等的山峰，均匀地傲立于空中，宛如九个翘首的龙头，带动着长长的躯体向南奔腾。因此，被世人称做九龙山。九龙山西侧，紧挨大路边是一座小山，颇像马鞍，便自然地得到了一个名字——马鞍山。马鞍山西麓，绿树掩映之下有一个近百户人家的村庄，和大多数鲁南地区的村庄一样，朴素安详，没什么惹眼的地方，村名

也很土，叫凫村。但就在这个普普通通的地方，一个极不平凡的人物踏入了人间，走进了历史，留下了一串伟大的足迹，让后人感叹、沉思、回味、景仰。

拂去历史的尘土，穿过时间的隧道，回到2300多年前。一样的山川，一样的土地，只是不叫邹城市，也不叫邹县，而是一个很大的名字，叫"邹国"。虽叫作"国"，却也只有如今邹城市那么大。它是西周初年分封的一个子爵诸侯国。曹姓，本为商王朝的苗裔，周武王伐纣灭殷，把他们分封到这里，开始叫作"邾国"，到战国时期才被称为"邹国"。因为国小力弱，它不得不依附于鲁国。成为鲁国的"附庸国"。在那个激烈厮杀，残酷吞并的战国时代，其地位与处境可想而知。

凫村西头，有一所用干打垒筑成的大院，庭院中有一棵高大挺拔的老槐树。树下三间茅屋，配有东西厢房各两间：紧凑、素朴、清净、安详。就在这个普通的院落里，当历史运行到公元前385年的时候①，一个孩子和其他任何孩子一样在啼哭中来到了这个世界上。84年之后，他又从这里带着一生的荣耀与遗憾回归了自然。两千多年来，"亚圣"这一美名始终伴随着他，他，就是孟轲。

孟轲的父亲叫孟孙激，是鲁国著名贵族孟孙氏的嫡传子孙。春秋时，鲁桓公的后裔分化出三个家族，孟孙氏、叔孙氏、季孙氏，世称"三桓"。孟孙氏后代的一支

由于讨厌三家钩心斗角的权势之争，就从鲁国搬到了邹国。鲁国是较早实行土地自由买卖的国家之一，公元前594年鲁国实行了"初税亩"制度，承认了土地的私有权和自由买卖权。这样也使人们的迁徙得到了很大方便。而且，春秋战国时的人似乎也不像后世人那样安土重迁，人们常常从一国迁到另一国。孔子的祖先就是从宋国迁到鲁国的。孟氏家族来到邹国，置办了田产，安顿下来。传到孟孙激的时候，家境已经衰落了，失去了往日的贵族气象，但仍拥有几十亩地和几家佃农，日子还算过得去。孟孙激娶了当地仉家的女儿，仉氏知书识礼，聪明贤惠，又心灵手巧，善绩麻织布，一家人的生活虽不再像以前那样富贵荣华，却也过得和和美美，快快乐乐。

据说孟轲是农历二月二日降生的。"二月二，龙抬头"，一个非常吉祥的日子。孟轲一出生就眉清目秀，白白胖胖的，他的父母从心里乐到了脸上，整日合不拢嘴，他们沉浸在天伦之乐和美好的向往中，充实而又满足。

不料好景不长，当孟轲长到三岁的时候，孟孙激突然得急病去世。孟母含悲忍泪把丈夫安葬在九龙山和马鞍山之间的一块空地上，当时的埋葬习惯是墓而不坟，孟母就在墓旁种下一棵粗壮的松树作为标记，她跪在墓前，喃喃地说道："轲儿他爹，你好好安息吧！我一定把轲儿拉扯成人，教导成才。"

从此，孟母起早贪黑，一边绩麻织布，一边教孟轲

学字。孟轲聪明伶俐，学过的字永记不忘。孟母大喜，越发耐心地教导他。她每天绩麻织布之余就准备一些字教他，从不间断。很快孟轲便把当时一些常用的字都学会了。

母子二人相依为命，转眼间孟轲已经九岁了，长得聪颖而又健壮。目光炯炯，灵动而又深邃，嘴角微微上翘，平静中透出一股超拔之气。头发浓密油黑，向上梳，在头顶两边绾成两个髻，用母亲染织的红麻绳系起来。这是当时儿童的普遍发型，叫作"总角"。

一天，孟母在庭院槐树下绩麻，孟轲在旁边用草棍往地上写字，边写边念。写累了就用石子盖房子玩，盖了拆，拆了盖，一遍又一遍，聚精会神，不厌其烦。

忽然，大街上传来了隐隐约约的笙竿之声，声音越来越近。孟轲眼睛一亮，"腾"地从地上跳起来边往外跑边说："娘，奏乐的又来了，我到外边看热闹去。"没等母亲答话，就头也不回地跑出了大门。

原来，孟轲家住在邹城城北，他家附近有一片苍松翠柏，是一块墓地。送葬的人都要从他家的门口经过。今天，大街上又是一伙发丧的人，他们在吹鼓手的引导下，抬着棺材徐徐前进，后面跟着一群披麻戴孝的人呜呜咿咿的哭叫不停。

孟轲挤在看热闹的人群中间来回跑着，只恨两只眼睛不够用的，两条腿不够使的。他仰脸往上看，忽而盯

着箫，忽而盯着竽，手舞足蹈地模仿着吹鼓手的动作和表情。还觉得不够尽兴，干脆从地上拣起一根草棒棒放在嘴边当箫吹，惹的看热闹的人忍俊不禁。发丧的人们把棺材抬到野外，安放到墓穴里，掩埋好，祭奠毕，就陆续走了。

孟轲一直在旁边看热闹。他看得细致入微、津津有味。人们都陆陆续续地走光了，他还恋恋不舍地呆在那儿，双手捧着小木棒棒，将一头衔在嘴里，摇晃着脑袋当箫吹，还在不停地哼着祭祀的曲儿。折腾了好大一阵子，看看天色将晚他才怏怏不快地返回家中。

孟母在家中焦躁不安地等待着他，直到他冲进家门，悬起的心才像一块石头落了地，问道："轲儿，你到哪里去了？"

孟轲得意起来，对母亲说："你看我吹得好不好？"说着又把小木棒棒捧起，哼着曲儿表演吹箫。

孟母伤心地嗔怪道："尽学些偏才，赶紧洗手吃饭吧！"

孟轲累乏了，吃过晚饭，躺倒床上，一觉睡到天明。孟母唤醒他以后，他急三火四地吃过早饭，又约了三四个小伙伴儿到村头墓地里表演祭祀玩耍。

孟母在村头看了十分伤心，感叹道："此地不适合我儿子居住哇！"于是她决定搬家。

俗话说：穷家难舍。搬家可不是个容易事。但为了

儿子的成长，她不去多想搬家的艰辛，毅然搬到 14 里路以外的一个小集镇旁住下。这里远离墓地，她想儿子可以摆脱那些下九流的影响了。

不料孟轲又被集市上的热闹情景吸引住了。集镇上十分热闹，有卖杂货的，有做陶器的。西邻是打铁的，东邻是杀猪的，还有那些挤眉弄眼的经纪人甚是滑稽可笑，孟轲便天天到集市上看热闹。回到家他就用泥巴捏成小猪和小羊，再用一块木片片或石片片当屠刀，两手做出杀猪宰羊的样子，嘴里学着猪羊嘶叫的声音，脸上现出猪羊挣扎的痛苦表情。

孟母见了，越发伤心，又一次感叹道："此地不适合我的儿子居住哇！"这一次她决定自己亲自去为儿子找个环境好的地方居住，以便让他安心学习，早日成才。她拿定了主意，便带着孟轲出了家门，走呀走，找呀找，一直找了三四天，始终没找到一个满意的地方。正在发愁的时候，她看到孟轲朝一所房子跑去了，她情不自禁地跟着他走过去，定睛一看，原来是一所学堂；侧耳一听，老师正在里面教授《论语》。老师读一句，学生们跟着念一句。

孟轲全神贯注地听了一会儿，也跟着学堂里的学生们读了起来。

孟母心花怒放，高兴地说："此地才是最适合我儿子居住的地方啊！"于是她请人卖掉了原来的房屋，又在离

学堂不远的地方筑了一所房屋居住。孟轲便时常跑到学堂去，听先生讲书，或看先生带着弟子们演习礼仪，礼仪是从西周初年传下来的一套祭祀、朝拜、来往的礼节仪式，是儒家教育的一个重要内容。孟轲跟在后面煞有介事的模仿，回到家里就做给母亲看，乐得孟母合不拢嘴，心里也踏实了许多。

　　① 孟子的生卒年，至今没有确论。前人考证孟子生卒年的著作有数十家，主要有三种说法：1. 生于周定王三十七年（公元前442年），卒于周赧王二十六年（公元前289年），寿八十四岁。2. 生于周安王十七年（公元前385年），卒于周赧王十二年（公元前303年）或十三年（公元前302年）。3. 生于周烈王四年（公元前372年），卒于周赧王二十六年（公元前289年）。

　　第1说不可信，因为从公元前442年到公元前289年是154年的时间，孟子不可能活到154岁，且与"寿八十四"之说自相矛盾。第2说与第3说都认为孟子寿八十四岁，较为合理，并且这二说年代只相差13年，以今天所掌握的资料，无法辨出谁真谁伪，故今之学者或从此说，或从彼说，两种意见并存。本书作者认为第2说与史实更能密切关合，故取之。

断机教子

周朝有一套非常系统的教育制度，《礼记·内则》要求：在孩子能自己吃饭时，就教他使用右手；孩子会说话了，就分别男女，教他们不同的应答方式；6 岁的时候，教他们学习数字与方位名；7 岁时，教育他们男女不同席而坐，不同席吃饭；8 岁时，教育他们在出门、进门以及就座吃饭时要后于长辈；9 岁时，教给他们历法知识；10 岁时，学习书写；13 岁时，学习音乐，诵读诗篇，学跳"勺"舞；15 岁时，学跳"象"舞，学习射箭和驾车。这些繁杂的规定，简而言之，就是《春秋公羊传》所说的"八岁者学小学，十五者学大学"。这里的"小学"、"大学"当然不是今天的含义，那时，"小学"指的是学一些实用性的知识，如写字、计算等；而

"大学"则学习礼仪制度，处世之道，治国之方等思想性较强的知识。按照这样的规定，孟轲的年龄还太小，不能入学读书，只好站在窗外偷听。

孟母看着儿子如此好学，就下决心去恳求学堂里的先生破例收孟轲入学。于是她为孟轲赶做了一件深衣。"深衣"，是春秋战国时期的一种礼服，当时人的家居衣服上衣叫衣，下衣叫裳，深衣则是连衣、裳为一体的一种服饰，平民百姓就以之为礼服。孟母做好了深衣，命他穿在身上。按照当时的礼制，未成年的人是不能穿深衣的。孟轲很机警，一见穿的是深衣就说："娘，你让孩儿穿上这样的衣服，是不是要送孩儿去上学堂？"

"哎，娘是这样想的，可眼下你还不到入学的年龄，待娘去求求老师。还不知能不能成。"孟母一边为他整理衣服，一边说，"一旦老师同意你入学，你可要发奋学习呀。"

孟轲提着宽大的袖子，学着大人的样子来回走了几步。又回头对母亲深深一揖："请娘放心，孩儿一定努力学习。"逗得孟母笑得前仰后合。

这个学堂的老师姓曾，单名一个玄字，是孔子的著名弟子曾子的后裔。曾跟孔子的孙子子思受过业。他五十二三岁，面如满月，目如悬珠，生就了一副仙风道骨。他见到孟母后，深施一礼道："请问夫人来学堂有什么事？"

"曾先生万福。"孟母趋前还礼。"我是来送儿子入学读书的。"

曾玄下意识地把孟轲端详了一番，问道："但不知夫人要读书的儿子在哪里？"

孟母指着身旁的孟轲说："就是他。"

曾玄蹙额道："他多大了？"

孟轲抢着回答道："我9岁了。"

曾玄摇了摇头说："夫人想必是知道的，古来入学年龄都是15岁啊。"

孟母急忙解释道："曾先生有所不知，我这孩子虽然年龄不大，却很聪明。"

曾玄问："何以见得？"

孟母说："前几日我带他从这里路过，听到先生正在教授孔夫子的《学而篇》，不料他居然能够一遍成诵。"

曾玄一听，将信将疑地说："既然如此，何不让他当面试来！"

孟母拍着孟轲的脊背说道："轲儿，你把那日在这里学到的孔老夫子的几句话背诵给曾先生听来。"

孟轲望了望曾玄，又回头看了看母亲，背起手、摇着头背诵道："子曰：'学而时习之，不亦说乎！有朋自远方来，不亦乐乎！人不知而不愠，不亦君子乎！'"（《论语·学而》）

曾玄眉心一展，连声称赞道："好！好！你还知不知

道孔老夫子的其他话?"

孟轲稚声稚气地说:"知道,也是听先生您讲的。"

曾玄说:"你背诵几段给我听来!"

孟轲流利地背诵道:"子曰:'诗三百,一言以蔽之,曰:思无邪。'(《论语·为政》)子曰:'人而不仁,如礼何?人而不仁,如乐何?'(《论语·八佾》)子曰:'里仁为美。择不处仁,焉得知?'(《论语·里仁》)"

曾玄摆手道:"好了,好了,无需再背了,你是一个聪明绝顶的孩子。"

孟轲拉着曾玄宽大的袖子问:"先生同意收我为弟子了?"

曾玄双手一合,透心地笑道:"好,我便破例收下你这个小弟子。"

孟轲双膝跪倒,纳头便拜道:"弟子孟轲拜见曾先生。"

曾玄问:"你尚未有字吧?"

孟轲仰着头答道:"孟轲年尚幼,父又早亡,故尚未有字。"

曾玄抚摸着孟轲的头说:"你如今要上学堂了,应该有个字了。"

孟母恳切地请求道:"那就请先生给取一个吧!"

曾玄微皱双眉,思忖了一会,缓缓地说:"轲者,车众多也,你就叫'子舆'吧!'舆'之为状,众人共举一车之象也。车舆为王公大夫之行具,我给你取这么一个

字是希望你能早成大器，驱仁义之车，正道直行；拯天下于战乱，救黎民于水火。你明白吗？"曾玄望着远处的烟尘，沉默了好一会儿。夕阳下，他的脸色像一块青铜，凝重而极有深度。

孟轲仰着头看着曾玄，似懂非懂地点了点头。孟母站在一旁，眼里充满了泪水。

好一会，曾玄叹出一口气来，理了理花白的长髯，拍着孟轲的肩膀说："孟轲，你会有很远的路要走，那就从今天开始迈出第一步吧！"

春暖花开，艳阳高照，孟母带着儿子孟轲来到孟孙激的墓前。墓前的松树长得越发苗壮、青翠了。孟母拉着儿子跪拜下来，轻声地向丈夫倾诉着："轲儿他爹，我已经把轲儿送进学堂了。他聪明、机灵、勤奋、好学。你放心吧，我一定会把他养育成才的……"许久，她站起身来，抚摸着孟轲的头，天地间一片春和景明，和煦的阳光照在身上，一丝久已不存的暖意在心底漾起。

从此，孟母更加勤苦地绩麻织布，起早贪黑地操持着家务。她做着针线看孟轲天天上学放学，织着麻布听轲儿每天对她讲学堂里的事情，脸上带着微笑，心里充满甜蜜，她忘了什么叫作累。

但是，有一天，太阳已经偏西了，孟轲还没回来吃午饭，孟母放心不下，急三火四地到学堂去找，恰巧碰上了曾先生，她急巴巴地问道："先生，孟轲怎么没回家吃午饭？"

　　曾玄皱了皱眉,叹着气说:"孟轲确实聪明,可惜呀,他太不专心致志了!"

　　孟母脸都变黄了:"请曾先生快说,是怎么回事?"

　　曾玄痛心地说:"孟轲自恃聪明,不但上课不能专心听讲,而且有时还逃学。唉!我也早想告诉你这件事了。"

　　孟母脸都黄了:"可是真的?"

　　曾玄惭愧地说:"我已经做到仁至义尽了!"

　　孟轲果真如此,他聪明过人,年龄又小,好玩耍的天性未去,所以不时逃学去附近的小山上抓蝈蝈呀,捉蟋蟀呀,或者到南沙河去摸鱼。

　　孟母强压怒火,深施一礼,辞别了曾玄,愤然回到家中,坐在织机旁等着孟轲回来。许久,孟轲大汗淋漓地进了家门。孟母看着他满脸的污垢,厉声问道:"轲儿,你到哪里去了?"

　　孟轲怯怯地说:"到村头去了……"

　　孟母又问:"去做什么了?"

　　孟轲低下了头,咕哝着说:"摸喜鹊蛋了。"说着伸出右手,掌心里有一只蓝汪汪的,布满斑点的喜鹊蛋。

　　孟母气得两眼冒火,真想操起烧火棍痛打他一顿。可是她没有那样做。她冷静下来,重新坐到织机旁,命令孟轲道:"去把剪刀拿来!"

　　孟轲吓得心惊肉跳,他慢吞吞地走到炕边拿了把剪刀递给了母亲。

孟母接过剪刀，二话没说，就把正织到一半的布齐截截地剪断了，细细的葛丝松松地垂了下去。

这下可把孟轲给吓坏了，他惊惶地抱住母亲："娘，你怎么了？你辛辛苦苦地织的布为什么都剪坏了？"

孟母余怒未消，大声地问："我将织机上的线剪断了，还能继续织布吗？"

孟轲大睁着眼睛，摇摇头说："织不成了。"

孟母坐下来，拉着孟轲的手一字一句地说："你既然知道这个道理就应该努力学习才是。孩子啊！学习就像我织布一样，不断地织啊织呀，才能有一天织出一幅细密的葛布来。我的手再快，如果每天只织上几梭，就放下了，那会到哪一天才织得完呢？或者虽然努力织了很多，却像今天这样一下子剪断了，以后就再也没法织下去了。你现在不专心学习，贪玩逃学，这样下去不就和这布一样再也不能成为有用之才了吗？"

孟轲听了母亲的话，幡然悔悟，他扑通一声跪倒在地，痛心地哭道："娘，孩儿辜负了娘的一片期望。孩儿错了，你惩罚孩儿吧。"

孟母深情地说："孔夫子的弟子子贡说过：'君子之过也，如日月之食焉：过也，人皆见之；更也，人皆仰之。'只要你也能知过改过，发愤学习，那就是君子之行，娘怎能怪罪你呢？"

孟轲仰着小脸，宣誓似地说："娘，你放心吧，孩儿从今日起一定发愤学习。"

崭露头角

　　孟轲自从在母亲面前发了誓后，变得像个大人一样，整日废寝忘食地学习。到了20多岁的时候，已经是个才高八斗、学富五车的大学问家了。

　　曾玄有这样好的学生，比别人更高兴，整日乐得满脸堆笑，逢人就说："老朽不才，天赐孟轲，得遂平生之愿也！"一天，他理着胡须把全学堂的学生看了一遍，盯着孟轲问道："孟轲，今人所说的'六艺'指的是什么？"

　　孟轲答道："今人所说的'六艺'有两个含义：一个是指六种技能，即礼、乐、射、御、书、数；另一个含义是指六部典籍。"

　　曾玄问："哪六部典籍？"

　　孟轲流畅地说道："就是《诗》《书》

《易》《礼》《乐》《春秋》。"

曾玄满意地点了点头，眯起眼睛问道："但不知你对《诗》《书》《易》《礼》《乐》《春秋》这'六艺'者，究竟学习的怎样?"

这里孟子所说的这几部典籍就是后来所说的"六经"。但在孟子时代却没有"六经"的说法。这六部书被称为"六经"是从汉代才开始的。汉武帝时，董仲舒提出"罢黜百家，独尊儒术"的主张，并把先秦时期的六部儒家著作推崇为"经"，这才有了"六经"之说。至于后人所说的"五经"，指的是除了《乐经》以外的其它五部经典，因为《乐经》后来亡佚了。这是题外话，我们再回过头来看看孟子是怎样回答曾玄的问题的。

只见孟子沉思了片刻，谦逊地答道："此'六艺'极为深奥，它们涉及了一个君子修身、齐家、治国、平天下等各个方面的修养和要求。孟轲即使终生学习，也未必能够窥其堂奥，如今不过刚刚入门而已。"

"嗯——"曾玄显然非常同意他的回答，他从几案后站起身来慢慢地踱着方步。"你把'礼'的精要所在讲给大家听听!"

孟轲略一沉吟，便目光闪动，精神焕发地说："'礼'是周公制定的，是人应有的礼仪举止和名分制度。《礼记·冠仪》云：'凡人之所以为人者，礼义也。'也就是说'礼'是人之异于禽兽的标志。所以说，人生在世，必要

习礼。《诗》云：'人而无礼，不死何为?'就是此意。《礼》是孔子及其弟子们编辑的关于'礼'的一部典籍，其中《礼运》篇提出了孔老夫子的最高理想：大道之行，天下为公。而且从《礼》中我们还可以懂得实现这一最高理想的必由之路：以礼乐教化百姓。"

"好!"曾玄喜笑盈腮。"你对《礼》学得可谓深透了，能够提其纲而挈其领了，妙哉!"他慢慢踱着，悠悠地说："你对《易》有什么体会吗?"

孟轲意气洋洋，口若悬河地说："《易》是一部察天地之变，观人事之化的宝典。子曰：'加我数年，五十以学《易》，可以无大过矣。'可见，读《易》可以洞明事理，通晓变化。《易·乾·象》曰：'天行健；君子以自强不息。'《易·坤·象》曰：'地势坤；君子以厚德载物。'可知，读《易》可以修身立德。《易》之用可谓无穷。"

"好，实在是太好了!"曾玄以手加额，乐不可支。"孟轲啊，你可以为师矣!"

学生们都向孟轲投去敬佩和羡慕的目光。

曾玄把话题一转，又问道："自春秋以来，诸侯割据，各霸一方，你争我夺，互相倾轧，对春秋时期的攻伐，你有何看法?"

孟轲毫不迟疑地说："春秋无义战!"

曾玄一怔："这是我闻所未闻的评价，你且仔细

讲来！"

孟轲顿挫有力地说："当年周文王行仁政于西岐，中原人民引颈而望，众心归往，三分天下有其二。至武王，遂灭殷纣而有天下。于是制礼做乐，分封诸侯。武王分封诸侯的目的，是为了让诸侯国各自治理好自己的国家，以求得周王朝整个疆土的繁荣昌盛，黎民安康。殊不料各国国君之中，贪得无厌者大有人在，他们相互征战，攻城略地，抢粮伤民。想以此削弱他人，增强自己。然而事情往往适得其反，越是想通过征讨别国使自己国家强盛的，则越容易成为众矢之的，最后必将惨遭失败。"

曾玄说："言之有理，这也就是孔夫子当仁不让，宣扬仁义的原因啊！"

孟轲滔滔不绝地说道："一国的国君若是喜欢仁德，能够以仁政和礼教治国，黎民百姓就会心悦诚服，就能争相效力，国家就会富强。只要国家富强了，天下便没有敌手了。当年商汤施仁政万民欢悦，便出现了东征西怨，南征北怨的局面。同样，周武王当年征讨殷纣王的时候，只有战车三百乘，勇士三千人。可是，他征讨到哪里，就对哪里的百姓说：'不要害怕，我是来安抚你们的，不是来与你们为敌的。'因此黎民百姓便五体投地地跪拜他。征者，正也。若人人都能够匡正自己，又何必要战争呢？商汤和周武王都是仁者，他们的功绩是平定天下，使黎民百姓得到安康。以弟子之见，这就是大仁

大义。仁者，人之心也；义者，人之路也。古代的圣明帝王皆以仁义为本。所以既能得到天下，也能得到人心。而今则不然。有许多人正路不走走邪路，失去了良心也不知道找回来，岂不可悲可叹？"

曾玄品味着他的话，不停地点着头。

孟轲接着说："稻、黍、稷、豆、麻五谷是众多庄稼中的好品种。然而，假如不能成熟，还不如稗子。所谓仁，就在于使五谷成熟罢了。仁之胜不仁，犹如水胜火。仁多，就是水足，自然能胜火。今人则不然，用一杯水去扑灭一车已经燃烧着的干柴，扑不灭火，不去埋怨自己，反而说水不能灭火。弟子认为，这种人久而久之不但不能成为仁人，反而会将自己已经得到的那一点仁全部丧失掉。仁与义，犹如喜、怒、哀、乐、怨一样容易发现，有的人却视而不见。仁与不仁，义与不义，像酸、甜、苦、辣、咸一样容易辨别，有的人却分辨不清楚。"

曾玄深情地说："孟轲，你的学问已经不在为师之下，我儒家弟子最讲学以致用，'学而优则仕'，'君臣之义，人之大伦'。你该寻找机会从政治国了！"

初试锋芒

孟轲兴冲冲地从学堂返回家中，曾玄的话仍然在耳边回响，自语道："是啊，学问的价值全在于应用，学而不用，所学何为呢？但是，怎样才能做到这一点呢？"他一个人面壁沉思。

这时，孟轲已经成婚，妻子姓田。

田氏把饭菜拾掇到饭桌上，先到东间屋请出婆母，又到西间屋请孟轲，看到他面对着墙壁发呆，不知是什么原因，不免为他担心，及至听到他的话音，才放下心来轻轻说道："吃饭吧！"

孟轲转过身，望着她那温柔多情的面孔，心头泛起阵阵甜蜜。是她，给这个家庭带来了上慈下孝；是她，为母亲分担了家务；也是她，为自己解除了后顾之忧。他想，没有

母亲的得力教导，自己不可能如此早的成才；没有妻子的体贴和照顾，自己也不会长进得如此之快。他满怀感激地拍了拍妻子的肩膀："有劳你了!"

走出西里间，坐在母亲身旁，孟轲忽然发现母亲的鬓角上已经有了稀稀落落的白发，眼角也出现了细细的鱼尾纹。他的心头猛烈地一震，仿佛一记重锤击打在心房。一种愧疚之感油然而生：二十多年来自己从未在吃、穿、用上用过心思，是母亲的一双勤劳而灵巧的手，日夜不停地摇动着纺车，推动着布机，纺纱织布，换钱买米，养活着自己。他呆呆地望着母亲慈祥的面孔和善良的眼神心想："我已经成家了，应该立业了。"

他吃过午饭，回到西里间，挑选了一根长长的竹简，在上面端端正正地写了"大道之行，天下为公"八个字，仔细看了一番，颇感满意。就又挑选了一根竹简，写下"后生可畏"四个字。摆在几案上，用以激励自己。

孟轲有了追求上进的动力，学习越发努力，日见长进，加上他生就的魁梧身材，潇洒英俊，仪表堂堂，举止端庄，成了曾玄几十个学生中的出类拔萃者。

曾玄自然对他爱如掌上明珠，不管有什么事情，都愿意让他去办，有时还带他去拜见邹穆公。一天，曾玄给学生讲完课，觉得天气有些闷热，对学生说："今日天气异常，有些闷热，我为大家唱支歌如何?"

弟子们齐声说："好!"

曾玄走近摆琴的几案，调了调弦，清清嗓子，边弹边唱道：

> 南山有台，北山有莱。乐只君子，邦家之基。乐只君子，万寿无期。南山有桑，北山有杨。乐只君子，邦家之光。乐只君子，万寿无疆。

（《诗·小雅·南山有台》）

曾玄全神贯注地弹着、唱着，感情真挚，歌声悠扬。将全曲唱完，曾玄站起身来，意犹未尽地慢慢踱着步，身上的玉佩不断发出清脆的叮当声。好一会儿，他深情地感叹道："这是一首颂歌，是歌颂有德君主的。从这首歌中可以看到人们是多么崇敬贤明的君主，几乎用尽了人间最美好的字眼，为他们祝福祈寿。能为民造福就能得到人民的拥戴，就能得到民心，而有些君主则与此相反，只顾自己的快乐，而不管黎民的疾苦，不顾礼义廉耻。这样的君主只能受到人民的咒骂和嘲讽，大家看看《诗》中的《鄘风·相鼠》《陈风·株林》就知道了。得民心者得天下，失民心者失天下。此理自古如此，也永远如此，大家切记。"

说完，又整衣坐下，弹奏起来，儒雅的乐声，从曾玄的五指间流淌出来。

大家都沉浸在那悠扬的琴声中，温柔敦厚的曲调，雍容华美的意境使大家进入一种无我的境界。

突然，室内的光线暗淡下来，霎时变得一片漆黑。

这突如其来的变故打断了曾玄的琴声。大家也都惊恐地跑到门外去看个究竟,只见黑云压顶,天地间一片昏黄,云头就像黑色的魔鬼在人们的头顶上狰狞地奔腾翻滚。突然,一阵令人目眩的亮光由云间发出,仿佛穿透了所有人的身体,使人不由得打了个寒噤;一声动人心魄的巨响随之而来,让人们呆立了好一会儿才醒悟过来。

又一阵急电迅雷,终于撕破了厚重的天幕,狂风、暴雨夹杂着密密的冰雹向着人间这块本不平静的土地上疯狂地袭来。

天地凝聚在一起,板结成黑暗的铁块,仿佛又回到了混沌未开的时期。只有在电光闪耀的那一瞬间,才能看见一幅由雨丝、冰雹、树枝、茅草组合而成的恐怖画。

声音也是令人恐怖的,狂风激起了万物的怒吼,似哭、似笑、似嚎、似叫、似哀叹、似震怒,惊雷轰击着人们的耳鼓,发掘着人们内心的恐惧,要逼迫人们匍匐在它的震怒之下。风雨大作中也隐隐约约地传来铜盆的敲击声,是人们在尽自己最大的努力来驱赶凶神,但人造的铜铁的声音在大自然的狂怒面前显得如此软弱无力,如此可笑与可怜。

强烈的电光中不断闪现着曾玄师徒的脸,他们平静泰然而心存敬畏。怵惕于心而坦然面对。

疾风不终朝,暴雨不终日。风雨渐渐地失去了它狂暴的气势,残雷喘息着滚向了远方,蓝天慢慢地从乌云

的背后露出残缺的面孔，不耐寂寞的麻雀身上还带着雨滴，却已经站在墙头叽叽喳喳地叫起来了。

曾玄的眼睛始终盯着天空。他慢慢从沉思中醒悟过来，对弟子们说："孔夫子见'迅雷风烈，必变'（《论语·乡党》）。我观各位都已有君子之风，得孔夫子之万一了。"说着他显出了沉痛。"'君子喻于义，小人喻于利'老百姓还是要靠粮食生活的，这场风暴冰雹可能已经给百姓们带来大难了。弟子们，出去看看百姓们吧！"

孟轲默默地走到村南的一条大沙河边上驻足四望，眼前一片让人心碎的凄凉景象：河岸上白杨折干，垂柳断枝；河对面原来绿油油的麦田狼藉一片，刚开始灌浆的麦穗被风雨冰雹打入乱泥，混杂在残留的泛着白光的冰雹之中，眼见的今年已经颗粒无收了。

一位农夫长跪在地头上，用手使劲拍打着土地，又仰脸望着苍苍蓝天，涕泪俱下，哭喊道："老天啊，你这是诚心要我们穷苦百姓的命啊！你为何如此残忍啊！为何如此不公平啊！"哭声让人心碎。

越来越多的人来到地头，或痛哭流涕，或愁容满面。孟轲不忍再看这惨痛的景象，他扭转头，迈着沉重的脚步往回走，忧愁和痛苦交替地袭击着他的心头，使他的面孔有些扭曲。他暗暗地下决心，一定要给百姓们找到一条活路！

当夜就寝，孟轲翻来覆去睡不着。孔夫子的话一直

萦绕在耳边："修己以安百姓"(《论语·宪问》)他决心去向国君禀明灾情，请求他开仓放粮，赈济饥民。

　　第二天一早，他把自己的想法告诉了曾玄，曾玄赞许地拍拍孟轲的肩膀说："我儒家弟子一生就是致力于修身、齐家、治国、平天下。你已经学有所成，正是应该试试身手的时候了。不过……"

　　曾玄沉吟了一下。

　　孟轲施礼道："请先生指点！"

　　曾玄痛心地说："我们的主公并非是一个贤明之君，你的话他有可能听不进去，你劝说不成，可能会很沮丧的。你何不就此放弃上谏国君的想法呢？"说完，紧盯着孟轲的面孔。

　　孟轲平静地答道："子曰'知其不可为而为之'，我辈当遵循之而不懈努力。子又曰：'君子之仕，行其义也。道之不行，已知之矣。'我做了我应做的事，就满足了，即使事情没有做成，我也不后悔了。"

　　曾玄喟然而叹："孟轲，你已深得夫子的精髓了！"

　　邹国的都城建在著名的峄山脚下，三面环山，一面是开阔的平原，景色十分优美。宫廷就建在峄山南麓，居高临下，煞是壮观。

　　孟轲来到宫廷大门外向宫卫抱拳施礼道："在下孟轲，因有急事，求见主公，望乞通禀一声。"

　　宫卫早已认出了他，轻声说道："请孟公子随我来。"

　　孟轲跟着宫卫走到后宫门前耳边传来轻飘飘的音乐声，音乐是儒家人物必具的修养之一，孟轲一听便知是郑国的靡靡之音。自春秋以来，人们对郑国音乐颇多贬词，孔子曾说："郑声淫。"并提出"放郑声"的主张。孟轲听到这音乐之声，心想："我们这位主公果然如先生所说，是一个贪图安乐的无志之主啊！"

　　在宫卫的引导下，趋步走进后宫。邹穆公约有三十一二岁年纪，也许是因为终日养尊处优的缘故，本来就发胖的面孔有些虚肿。他痴呆呆、傻乎乎地盯着八位袒胸露背的妖娆舞女，见孟轲进去，连头也没转，只是用手指了指身边的座位，示意孟轲坐下。

　　孟轲如坐针毡，心神不安。

　　音乐停了，邹穆公仿佛刚从梦中醒过来，怅怅然，昏昏然，望着默立在面前的八位舞女，身酥肉麻地抿了抿嘴，无限惋惜地挥挥手："你们暂且退下去吧！"

　　舞女们好像脱钩的鱼儿，一阵风似地退下去了。

　　邹穆公板起面孔，冷冰冰地说："孟公子青春年少，大好年华，正是一寸光阴一寸金啊！不在学堂专心学习礼乐，到宫廷来所为何事？"

　　孟轲行跪拜礼道："启禀主公，昨日城北一带遭受狂风和冰雹的袭击，大片麦田绝产，尚有大量的树木折断，房屋受损。遭受灾害的农夫正在家里哭天喊地，痛不欲生。加上眼下正是青黄不接的时期，农家缺吃少穿，度

日如年。孟轲今日特来请求主公开仓放粮，赈济灾民。"

邹穆公淡然一笑，拖着长音讥讽道："孟轲，你果然是食古不化的儒生啊。想我邹国虽不算大，可到底也有方圆四百里的土地呀。一年四季，不是东边涝，就是西边旱；不是南边起风沙，就是北边降冰雹。几乎年年遭灾，季季受害。寡人若是一遇灾害就开仓放粮，那么国库岂不早就空空如也了？国库空了，你叫寡人吃什么？穿什么？用什么？"邹穆公越说越觉得自己有理。

孟轲感到这国君的想法实在是可气而又可怜，年轻人的巨大热情使他涌起一股说服邹穆公的强烈愿望，他曾说过："人人皆可为尧舜。"他相信只要自己耐心说服，邹穆公也会变成一位励精图治的明君的。于是他又施礼说道：

"诗云：'乐只君子，民之父母。'（《诗·小雅·南山有台》）君主就是人民的父母，岂有为人父母而让子女受冻挨饿的道理呢？君主以仁爱之心对待百姓，百姓才会以忠诚之心拥戴君主。更何况有若曾对鲁哀公说过这样的话：'百姓足，君孰与不足？百姓不足，君孰与足？'（《论语·颜渊》）百姓不足而君主自足，这是非常耻辱的事情！"

邹穆公有点生气了，他乜斜着眼睛说："农夫，农夫，顾名思义就是种田的人嘛。种田的人哪家没有几石余粮！你不要操此闲心了，还是回学堂读书去吧！"

孟轲是个刚直不阿的人。他一见邹穆公竟然对百姓如此漠不关心，再按捺不住了，他高声质问道："主公贵为一国之君，您可知道君与民可比作何物？"

邹穆公不屑地说："这一点古代圣贤早就说过了：民为水，君为舟。舟行水上，水伏舟下，这是天地之道。我只听说以水载舟，并未听说以舟负水！"

孟轲字字清晰地说："主公，须知，水能载舟，亦能覆舟。"

邹穆公拍案而起，暴跳如雷地说道："大胆孟轲！你不过是一个乳臭未干的小毛孩子而已，竟敢在寡人面前大放厥词。来人哪！"

宫卫一拥而至。

邹穆公挥手道："把孟轲逐出宫廷！"

孟轲怏怏不快地返回学堂，向曾玄说明了事情的原委。伤心地说："我们国君虽然年轻，却胸无大志，终日迷恋于酒色，沉溺于靡靡之音中，真是可惜可叹啊！"

曾玄平静地说："这是我预料之中的事情。你不用过分气恼。只要你有以天下为己任的阔大胸怀，就不愁没有明主任用你，孔子曰：'君使臣以礼，臣事君以忠。'（《论语·八佾》）臣事君以忠的前提是君使臣以礼。良禽择木而栖，普天之下，莫非王土，选择任何一个国君实现仁政和王道都是对华夏的贡献。大不了学个孔夫子周游……"

　　他一句话尚未说完，突然眉头一皱，急忙用双手捂住了胸口。

　　孟轲一见忙扶住先生，焦急地问道："您老怎么了？"

　　曾玄紧闭双眼，有气无力地说："快送为师回家！"

　　孟轲和同学们把曾玄抬回家，孟轲含着热泪说："先生，您老耐心等待一会儿，弟子去请医生。"

　　曾玄慢慢睁开眼睛，轻轻地摇着头说："不必了，无济于事了。"

　　孟轲心头一酸，眼泪夺眶而出，用沙哑的声音问道："先生，您老这是怎么了？为何这样突然？"

　　曾玄缓缓地抬起手指了指自己的心窝。

　　孟轲明白了，却不知如何减轻先生的痛苦。

　　曾玄喘息了一阵，用微弱的声音说道："你们不要难过，每个人都会有这一天的。为师已年过古稀，也该谢世了。"他顿了顿，望着泪流满面的弟子们，艰难地说："你们不要这般哭哭啼啼的，我是一个很幸运的人，步孔老夫子的后尘，教出了你们这么多品学兼优的弟子。遗憾的是我看不到你们将来的业绩了。但是，我能预料到，你们之中不乏有为者。"

　　孟轲说："先生，您老别只顾说话，歇息一会儿吧。"

　　曾玄惨然一笑说："孟轲，你聪明过人，勤奋好学，将来必成大器。我死之后，你要当仁不让，继续开办学堂，广招四海英才，教之以'六艺'，授之以美德。倘若有机会做官从政，一定要力劝君侯行仁政，施德教。为师知道你一定能胜此任。不过，孟轲，你也有一个致命的弱点……"他的声音骤然降低了。

弟子们泪流满面地呼喊："先生，先生！"

曾玄用最后一丝气力，把压在胸口上的手举起，抓住了孟轲的手，直到咽下最后一口气，才慢慢松开了。

弟子们满怀悲痛地举行丧礼，安葬了恩师。

设教授徒

一个月后，孟子内心的悲痛，才渐渐平复下来。他想起曾玄临终的话语，对母亲说："娘，曾先生临终时嘱咐孩儿，要替他把学堂办下去，孩儿不能辜负他老人家的期望。"

孟母连声说："好，好，我儿终于成才了！"

孟轲蹙额道："可是，教学之事非同儿戏。教得好，可使弟子成才；教得不好，便会误人子弟，埋没了人才。"

孟母鼓励他道："我儿德才兼备，诚可为人师表，你不必有所顾虑。"

孟轲说："德才兼备恐不敢当，但我一直有个心愿，这个心愿让我下定决心承担起办学的责任来。过去，学校都设在官府，叫'庠''序'或'校'，只让贵族家的孩子上

学，但是英才并不尽出于富贵之家，官学也未必能培养出旷世之才。吾师孔老夫子首创私学，从业弟子来自各个阶层，使许多有才能的贫苦人家的孩子有了读书做官的机会，我没有能够成为孔子的门徒真是一件很遗憾的事，但我能跟从孔夫子的直系传人曾先生学习，也是很幸运的事了。所以，我会不辞愚钝，倾尽心力，办好学堂，广收徒众，得天下英才而教之。"

孟母赞叹地说："我儿有如此心胸，也不枉曾先生教你一场。轲儿，既然你已经做出定夺，那你何时收徒设教呢？"

孟轲说："眼下诸侯纷争，相互征战，相互吞并，黎民百姓陷入了水深火热之中，忍受着百般煎熬。孩儿想尽快办起学堂来，把天下有为的子弟收为弟子，传之以'六艺'，授之以仁义，一旦有了从政治国的时机，就命他们从政治国，以求得天下尽快安宁。"

桃李不言，下自成蹊。人们听说孟轲办起了学堂，争相送子弟来求学。一个月过后，便收下了五十多名学生。

孟轲遂登坛讲学，按部就班讲"六艺"，潜移默化传仁义。他的学问功底本来就十分深厚，又极其能言善辩，把儒家义理讲得深透而又实际，弟子们对他充满了敬佩。一年过后他名声大振，天下士人传颂不已，皆尊称之为"孟子"或"夫子"。

邹穆公闻讯，派使臣送来黄金五十镒，资助他办学。当时一镒等于二十两，五十镒是一个很可观的数目。

孟子得到了邹穆公的资助，在村西头购得了三十多亩土地，重新修建了一所规模巨大的学堂。

周围各国的有识之士争相送子弟来求学，不到三年，孟子已经有弟子五百多人了。他感到欣慰，越发对自己的教学充满信心。

一天，孟子刚讲完《易》，从学堂走到院中，忽见从门外走进一个人来。只见他身着儒服，气度非凡，大约二十四五岁年纪，中等身材，圆脸庞，红中透黑，大眼睛，炯炯有神。孟子一边端详着，一边暗自赞叹道："好一个风度翩翩美少年！"

那青年见到孟子，趋步向前，深施一礼说道："敢问先生尊姓？"

孟子说："在下姓孟，名轲。"

那青年急忙重整衣冠，下拜稽首道："弟子乐正克拜见孟夫子。"

孟子欣喜异常，微笑道："乐正克，快快起来回话！"

乐正克站起身来，孟子把他重新打量了一番，问道："乐正克，你是哪里人士？"

乐正克用标准的雅言回答道："弟子是鲁国人。"

当时的诸侯国很多，各国都有自己的方言，彼此交往起来十分不便。雅言有点类似今天的普通话，所以有

文化、有修养的人在正式的场合便用雅言。孟子一听他的雅言很标准，从心里高兴，和颜悦色地问："《诗》《书》《礼》《易》《乐》《春秋》诸书，你可曾学过？"

乐正克谦逊地答道："学过，只是理解得不够深透。"孟子点头笑道："学习犹如登山行路，需一步步地登攀，一步步地行走。你暂且学得不深不透，倒也合乎情理。只要能知道学海无涯，肯下苦功夫，定会学有所成。"

乐正克说："多谢先生教诲。"

孟子喟然长叹道："想我孟轲生不逢时，无缘求学于孔子，想起此事每每不胜惋惜。看来这是我一生中最大的憾事了。你来得正好，我从几年前就准备去曲阜祭奠孔夫子。你既然是鲁国人，想必对孔子的遗迹很熟悉了？"

乐正克兴奋地说："弟子生在鲁国都城，长在鲁国都城。而且还多次去过孔府。"

孟子微微一笑："那太好了，明日你便带我去鲁国如何？"

乐正克没想到刚刚来到，就有机会为先生效力，受宠若惊，拱手长揖道："弟子愿为先生驾车引路。"

第二天一大早，乐正克便套好了马车，等候在学堂门前。

孟子用过早饭，带领几个弟子，登车赶赴鲁国。孟子的家距离鲁国只有四五十里路，不消半日时光，马车

早已来到了鲁国都城的南门外。但见城楼高耸，威武庄严，城门两旁各插一面巨大的旗帜，三月的风吹得大旗哗啦啦作响，在不停地翻飞中仍然能够辨认出旗帜上那油黑的"鲁"字。十米多高的城墙从城门向东西两边延伸开去，城墙上垛口分明，时有兵士巡逻而过，或有马车在上面隆隆地急驰。城门前，足有六米多宽的护城河上，一座吊桥横跨过来，长长的缆绳有碗口粗细。桥上人来人往，络绎不绝。乐正克赶着马车，进了鲁国都城的南门，城内又是另一番景象：街道宽阔笔直，经纬井然。两边店铺林立，酒肆生风。孟子不禁为之一震，抬头看屋顶，跌宕起伏，错落有致。整座城的建筑仿佛出自一个人之手，格调一致，浑然一体，古朴典雅，巧夺天工。大街小巷，行人熙熙攘攘，络绎不绝。孟子想："这鲁国虽然日趋衰落，到底还是比邹国强得多。"

原来鲁国在殷商时称作奄国，公元前 11 世纪，周武王分封诸侯时，把他的胞弟姬旦（史称"周公"）封为鲁国国君。周公尚未上任，周武王就得急病死去了，年仅 11 岁的姬诵登基即位，史称周成王。为顾全大局，周公只好留在当时的周朝国都镐京辅佐周成王，摄行政事，让自己的长子伯禽到鲁国。周公对建立周朝的典章制度起到了举足轻重的作用，被人们誉为有经天纬地之才、有制礼作乐之功。伯禽把周朝的典章制度带到了鲁国，教化当地人民，发展农业生产，使鲁国逐步强盛起来。

到春秋时期，鲁国国势日渐衰微。春秋后期鲁国公室被季孙氏、孟孙氏、叔孙氏（史称三桓）所分，国势进一步衰微。孔子为鲁国大司寇时曾经辅佐鲁定公把国家治理得路不拾遗，夜不闭户。一度成了与齐国分庭抗礼的强国，怎奈鲁定公听信了季孙氏的谗言，接受了齐国的80名美女、120匹良马，并且三日不理朝政。孔子极力劝谏，全不见鲁定公回心转意。孔子忍无可忍，愤然离开鲁国，带领弟子们开始了长达14年的周游列国的生涯。鲁国的国势也随之一落千丈。

鲁国的兴衰史令孟子悲愤和忧虑，也给了他莫大的启迪和力量。他暗自下定决心，一旦有了时机，一定要辅佐国君和周天子治理好天下。他心潮起伏，浮想联翩，整个天下已经运行于他的脑海，他开始细细地勾画这幅蓝图了。

孟子在乐正克的引导下，到孔庙和孔林祭祀过孔子，返回学堂以后，更加潜心于仁政、王道的揣摩、研究。同时，以孔子为楷模，日复一日，年复一年地培养弟子，学而不厌，诲人不倦。

不久孟子又相继收下鲁国人公都子，晋国人万章和齐国人公孙丑等几位学生。这些人都是十分有才干的人，孟子与他们互相切磋、教学相长。

时光如流水……

有一天，他从学堂回到家中，刚进门，母亲便急急地冲他说道："轲儿，你到底什么时候才去尼山求拜山神呢？"

孟子一愣，忽而又会心地笑了，安慰母亲说："娘，你不要着急，儿子一定抽空去求拜山神的。"

原来，他虽已成婚多年了，妻子田氏却始终没能生下一男半女。儒生头脑中都有着根深蒂固的子嗣思想，孟子当然也不例外，他曾经说过："不孝有三，无后为大。"（《孟子·离娄上》）这使他陷入了无尽的苦恼中。孟母更是心急如焚，每当孟子回到家里，就唠叨着逼他到尼山烧香拜神。而孟子虽然也很着急，但他是个惜时如金的人，且秉承孔子的思想，不相信山神赐子之类的说法。所以，迟迟没有到尼山去。看样子，今天母亲是非逼他去不可了。

"你整天说，子不语怪力乱神，但你这个崇拜孔子的人难道就不知道吗？当年孔子也是因为孔父孔母求拜了尼山之神，才生下来的呀！"孟母以子之矛，攻子之盾。

孟轲无奈地笑了笑，只好说："儿子一有闲暇，就去尼山。"

又过了三个月，一日傍晚，孟轲像往常一样背着手慢慢踱回家中，忽见田氏在庭院杏树下双手捧腹，呕吐不止，他大吃一惊，急忙走过去，轻轻地为她捶着背问道："你怎么了？为何突然病成这样？要不要请医生？"这时孟母满面春风地从堂屋里走出来，再看田氏，只见

她回眸一笑，眼神中充满了喜悦、温暖和自豪。孟子恍然大悟，满面光彩地注视着田氏。

田氏羞涩地低下头，掩口而笑。

孟母疼爱的嗔怪道："傻孩子，如此粗心！都两个多月了。"说完，为田氏擦拭脸上的汗水。

田氏不好意思地从婆婆手里接过面巾："娘，让儿媳自己擦吧。"

孟子在一旁看了，心中涌起一股甜蜜。

就这样，一家三口老爱少，少敬老，日子过得十分温馨。又过了八个月，田氏生下一个男孩，取名仲子。

愤然出游

时光荏苒，不觉十七八年的时间过去了。一天，孟子从学堂回来，举目一看，庭院中的杏树叶子全都枯黄了，心头油然泛起一阵凄凉和悲苦之感。他快步走进室内，捧起铜镜一照，镜中人两鬓苍白，不禁大吃一惊，自语道："这就是孟轲吗？"

恰巧田氏从厨房端着一陶盆稀粥走进堂屋，诙谐地说："不是你是谁？难道整天'子曰子曰'的连自己也不认识了吗？"

孟子怅然叹息道："唉！我已经老了。"他仔细瞅瞅田氏，只见她的额头上也添了几条深深的皱纹，心情顿时沉重起来。

田氏问："你今日回到家中，神情呆滞，心事重重，却是为何？"

孟子正了正冠，低沉地说："想我孟轲设

教授徒十几年来，高徒已有八九百人。他们文通礼、乐、书、数，武精射、御，大都出乎其类，拔乎其萃的栋梁之材。然而，至今也没有一个被各国君侯所重用。"

田氏把沉甸甸的陶盆放在饭桌上，苦口婆心地劝道："眼下周天子已名存实亡，早已无法控制天下臣民了。秦孝公、梁惠王、韩昭侯、赵肃侯、楚宣王、燕文公和齐威王则群雄争霸，纷争不已。他们一味地诉诸武力，早已将仁义和礼治抛到九霄云外去了。在这种情况下，让你的弟子做官称臣，岂会有好下场？孔子曰：'危邦不入，乱邦不居。天下有道则见，无道则隐。'（《论语·泰伯》）因此，以为妻之见，应该等待时机才是。"

孟子悲愤地说："河水不会倒流，时光不能逆转呀！我已到了知命之年，却眼睁睁看着各国相互征战而无能为力。弟子们也多数都年过而立，这就好比将美玉藏在地下，将夜明珠抛进深海。长此以往，我岂能甘心！"

孟母闻声从东里间走出，深情地说："我儿胸怀大志，难能可贵！所谓好男儿志在四方。你既然不忍心目睹黎民百姓惨遭兵刃杀戮之苦，啼饥号寒之难，就应该学孔夫子，带领着弟子周游列国，游说各国君侯推礼治行仁政。"

孟子看着白发苍苍的老母亲，负疚之感涌上了心头，含着热泪说："娘，四十多年来，我从没好好地侍奉过您老人家。孔夫子说：'父母在，不远游。'在您老人家年迈之时我若离家出游，我于心何忍呢？"

孟母用双手理了理白花花的头发，坦然自若地说道："你对为娘的一片孝心，为娘感受颇深。但自古'忠孝'二字，'忠'字在前，'忠'其实就是'孝'，是对天下所有做父母的'孝'，是'大孝'。孩子，你就把爱我的一片心意推广到天下所有父母的身上去吧！用尽你的心力去制止战乱，推行仁政，让天下得安宁，黎民得温饱。如此我儿便是对娘真正地尽了孝道。"

孟子为母亲如此高远的眼界感动了，他匍匐在母亲脚下："娘，你真是孟轲一生的老师啊！"

孟母自信地说："为娘的身子骨还硬朗着呢，轲儿，你就一心一意地去做你的事情吧！娘在家里等着你的好消息。"

田氏也说："我会好生侍奉母亲的。"

孟子低头沉思了半晌，把仲子唤到跟前，耳提面命地叮咛道："仲子，你已是十八岁的人了，也已经成亲了，你要好好代我照顾你奶奶！"

仲子哀求道："爹，孩儿一向在家中读书，从未参与过政事。你何不把孩儿一起带去？"

孟子犹豫不决。

仲子又说："爹爹让孩儿一起去，一可让孩儿见见世面，二可让孩儿学些从政的本事，三可让孩儿照顾爹爹。"他又摇着孟母的胳膊说："奶奶，我的话对吗？"

孟母由衷地笑道:"仲儿,你的能言善辩就要赶上你爹了。轲儿,你就给他这个机会吧!"

孟子听母亲这样说,也只好答应他一起出游。

第二天,孟子来到学堂,郑重地对学生们说:"当今之世,群雄争霸,把一个好端端的华夏大地瓜分得四分五裂,使黎民百姓陷入了水深火热之中。子曰:'当仁不让于师!'(《论语·卫灵公》)我等不挺身而出,推行礼治,拯救黎民,又让何人去担当此等重任呢? 所以我想带领你们到各国去劝说君侯废征伐、行仁政。"

学生们异口同声地说:"弟子愿意跟随先生去劝说各国君侯行仁政、推礼教!"

孟子欣喜异常,用犀利的目光把坐在自己面前的学生逐个看了一遍,严肃地说道:"此番出游不知要行多少路,要经历多少磨难。孔子说:'父母在,不远游,游必有方'(《论语·里仁》),你们家中有困难者可以不随我出游。"

万章从席上跪起,问道:"敢问先生,此番出游,先到哪个国家?"

"先到齐国!"孟子早已成竹在胸。

孟子的思想是和孔子一脉相承的,他敬佩孔子的为人,也崇奉孔子的思想,他常说:"自生民以来,未有盛于孔子也!"也常引用孔子的弟子宰我的一句话:"以予观于夫子,贤于尧、舜远矣。"但孟子的性格与孔子很不

相同，孔子雍容大度，举止端庄，沉重稳健；孟子则潇洒自如，器宇轩昂，能言善辩。

终于到了出发的时刻，公孙丑为孟子驾车走在队伍的最前面。紧随其后的是万章、乐正克、公都子等688位弟子，浩浩荡荡地向齐国进发，甚是气派，甚是威风。这一年孟子44岁。

从邹国到齐国，山路崎岖。长长的马队宛若游龙，起伏盘旋，缓缓前进。

这是公元前341年的深秋。马车登上一座山梁，展现在眼前的是千座山，万道岭，满目红叶如火，黄花似金，色彩斑斓，夺人眼目；远处河流如带，飞瀑倒挂。孟子激动不已，命公孙丑驻马停车。他扶轼眺望，感慨万千："如此美丽的江山，怎能让它长久地沦落于战火之中呢？"一阵秋风吹来，飘起他宽大的衣襟，秋风满袖，秋意满怀，他深深地陶醉在这无边的秋色之中。

一群大雁发出悠长的鸣叫，从碧蓝的天空中沉稳地飞过，一个大大的流动着的"人"字，被书写在秋日的蓝天白云之上。孟子目送着渐渐消失在天尽头的"人"字，内心无比感动，他高声说："天地间，人为贵！"他转过头目光炯炯地看着他的这群弟子，一字一句地说："人是万物之灵长，人之所以能被称为万物之灵长，是因为人知礼义，是因为人有仁、义、礼、智'四端'。恻隐之心，仁之端也；羞恶之心，义之端也；辞让之心，礼

之端也；是非之心，智之端也。但是当今社会，很多人失去了人之为人的‘四端’，陷入狂悖之中，他们以侵夺别人为能，以违背礼义为是。致使整个社会战乱不已，民生凋敝。百姓怨望，黎民困苦。我们此番出行就是要寻找一个英明的君主，辅佐他推行仁政，赢得天下百姓的拥护和倾慕，借天下民心之所向结束战乱，平定天下。成文武之功，复尧舜之世！"

众弟子齐声高呼。呼声在群山间久久回荡着。

指摘时政

他们风餐露宿，日夜兼程，经过整整六天的长途跋涉，来到齐国都城的南门跟前。齐国守城兵士见了孟子的车队，如临大敌，立即紧闭城门，拉起吊桥，一个个拈弓搭箭，准备迎敌。公孙丑对孟子说："先生，看来守城兵士不知道我们的来意，要将我们拒之城外了。"

孟子苦笑道："战争使人间失去了一种非常美好的感情——信任。这是多么可悲的事情啊！"

公孙丑说："请先生稍候，弟子前去与他们说明。"

公孙丑趋步向前，走到护城河边，双手拢起嘴巴高声说："守城将士听着，邹国孟夫子来访齐国，赶快打开城门迎接！"

　　一校尉从城门楼里闪出举起右手，打着眼罩看了半天才问道："请问哪位是孟夫子？"

　　孟子跳下马车，施礼回答道："在下便是孟轲。"

　　校尉急忙抱拳还礼说："夫子光临齐国，乃齐人之幸也！请夫子稍候，待小可为您打开城门。"说着校尉便派了一个兵火速报告国君，又命兵士打开城门，放下吊桥。他亲自来到城下迎接孟子。颇觉尴尬地说："夫子好威风的车队呀！难怪兵士们误认为是来犯之敌了呢。"

　　相见寒暄毕，校尉把孟子一行引至齐都客栈住下。

　　齐国也是公元前11世纪周朝第一批分封的诸侯国之一。姜姓。开国君主即是鼎鼎大名的姜太公姜尚，也称吕尚。当时建都营丘（后称临淄，今山东淄博临淄）。

　　春秋初期，齐桓公任用管仲进行改革，国力富强，成为春秋第一个霸主。公元前567年，齐灵公灭莱，疆土扩大到东至海边，西到黄河，南到泰山，北到无棣水（今河北盐山南）。春秋末年，君权逐渐被大臣田氏所夺。公元前386年，也就是孟子降生的前一年，周安王承认田和为齐侯。

　　孟子来到齐国的时候，是齐威王统治时期，齐威王是田和的孙子，是一个颇具传奇色彩的人物。史载齐威王好为淫乐长夜之饮，沉湎其中，不理政事，把国事全部委派给卿大夫们。致使百官荒乱，诸侯并侵，国家到了即将危亡破灭的境地。但齐威王性情暴躁，手下大臣

都不敢直谏。这时有一个叫淳于髡的人用隐语劝他说："我们都城中有一只大鸟，停在大王的庭院中，呆了三年了，既不飞翔又不鸣叫，大王知道这是一只什么鸟吗?"齐威王猛然醒悟过来。他自信地说："此鸟不飞则已，一飞冲天；不鸣则已，一鸣惊人。"于是他就召集全国的县令共七十二人，厚赏了政治清明的即墨太守，诛杀了昏聩无能的东阿太守。奋起兵马，讨伐敌国。诸侯都为之震惊，纷纷归还了齐国的土地。

孟子刚到客栈安顿下，便带着弟子们游览齐国的都城。齐国不愧为东方大国，都城异常宏伟，整个都城分大城和小城两部分，大城南北约有九里长，东西约有七里宽，大城有十一座城门，是官吏、平民和商人居住的地方。小城南北约四里长，东西三里宽，是齐君的宫城。城内街道整齐、洁净，有十条主街，宽的能达六丈有余，窄的也有两丈多宽。城墙下还有设计精妙的排水道口，用条石垒砌而成，分上下三层，每层又分成五个方形水孔，孔内石块交错分列，水可以从孔内流出，人却爬不进去。设计独具匠心，建筑极为缜密。

次日，齐威王下令召见孟子。

孟子闻讯，平静地吩咐公孙丑准备马车，公孙丑紧张得手不断地颤抖，马鞍都装反了。万章、乐正克、公都子等都在旁边笑他，孟子奇怪地问："公孙丑，你怎么了?"

公孙丑脸色蜡黄，哆嗦着说："弟子虽是齐国人，但从来也没见过国君的威仪，因此，心里有点害怕。"

孟子说："公孙丑，你应该记住我这句话：'说大人，则藐之，勿视其巍巍然。'他们住在高高的殿堂上，光屋檐就有几尺宽，我如果得志，是不这样干的。那些君主们整天菜肴满桌，姬妾数百，我如果得志，也是不这样干的。饮酒作乐，驰骋田猎，我如果得志绝不这样干。他所干的，都是我所不干的；而我所干的，都是符合古代制度的，那我为什么要怕他呢？"

公孙丑跪拜接受："夫子一言，使公孙丑又向君子的品性靠近了一步。"

说罢，迅速整理好马车，扶孟子上车。驾车赶赴齐国宫廷。

齐威王闻报，下令："奏乐迎接！"

孟子带领弟子公孙丑、乐正克、公都子、万章等人迈着稳重的步伐走进了齐王的宫廷。

齐威王有五十多岁，在位已经 22 年了。枯项黄馘，艾发衰容，稀疏的山羊胡子几乎全部变成了白色。

孟子看得真切，心头不禁一震："这样的人还能成气候吗？"但马上又否定道："人不可貌相，我不能以貌取人。"于是倒身跪拜道："邹人孟轲率弟子公孙丑、万章、乐正克、公都子拜见君王。"

齐威王一欠身，用手示意说："夫子请坐。"

孟子也不客套，目光一扫群臣，落落大方地在客席上坐下，万章等人站在孟子身后。

齐威王凝视着孟子，不无挑战性地说道："寡人久仰夫子大名，却一直无缘相见，今日夫子辱临寡人之廷，真是寡人之幸。寡人听说夫子主张仁政，推行礼治，反对战争。果真如此吗？"

孟子正色道："大王以为这有什么不妥吗？"

齐威王说："夫子既然反对战争，并且说过'春秋无义战'（《孟子·尽心下》）那么，夫子为何还要教弟子们习练射、御两科呢？"

"君王理解错了。"孟子义正词严。"我从来都不是笼统地反对战争。战争向来都有正义和非正义之分。我反对的只是不义的战争，至于正义的战争我不仅不反对，而且是大力支持的。治国之道，一文一武，要使一个国家强盛，既要有文功，又要有武备。我希望我的弟子都能成为王佐之臣，所以，我既要让他们精通礼乐书数，又要让他们熟稔射御，使之文武双全。"

齐威王又说："夫子为何说'春秋无义战'？"

孟子微微一笑："《诗》云：'普天之下，莫非王土。率土之滨，莫非王臣。'（《诗经·小雅·北山》）天下诸侯都是周天子的臣下，各诸侯国之间的相互征战和厮杀不是同室操戈吗？焉有同室操戈之战是正义之战的道理呢？"

齐威王说:"春秋五霸,尊王攘夷,难道不是正义之战吗?"

孟子说:"五霸者,三王之罪人也。天下有道,礼乐征伐自天子出;天下无道,礼乐征伐自诸侯出。春秋五霸,虽说是尊王攘夷,却是拉拢一部分诸侯来讨伐另一部分诸侯,并且,这些征伐不是出自周天子的意愿。"

齐威王仔细品味了一番,眉开眼笑地说道:"照夫子所说,普天之下是天子至尊至贵,一国之中便是君王至尊之贵了?"

"不!"孟子正气凛然地说:"以孟轲之见应是:民为贵,社稷次之,君为轻。"

宫殿内一时鸦雀无声,文武大臣或低头不语,或面面相觑,个个大气都不敢出。

齐威王更是大惊失色,他从未听到过什么人在他面前说出这种大逆不道的话来。他理了理山羊胡子,强压住心中的怒火,用嘲讽的语调问道:"夫子,此话的依据是什么?"

孟子成竹在胸,铿锵有力地说道:"古人云:'民为水,君为舟。'大家都知水能载舟的道理,却忽视了水亦能覆舟的后果。三代以来不知有多少君主由于不明这一道理而覆亡,大王不可不深思啊!"

齐威王瞠目结舌。

孟子诚心要试试齐威王的度量,更加气势逼人地说

道："有黎民，方有国家。有国家，方有君王。时下，人们有句口头禅，叫作'天下国家'。由此可见，天下的基础是国，国的基础是家，而家的基础是人。没有人，何以有家？没有家，何以有国？没有国，何以有君王？"

齐威王的尊严受到了前所未有的伤害，一时间面红耳赤，窘态百出。

齐威王有个宠臣，名叫邹忌，他长出一口粗气，替齐威王争辩道："君王乃一国之尊，国家强盛全靠君王，岂是黎民百姓可与之相提并论的？"

孟子讥笑道："在孟轲看来，做人难，为政并不难。"

邹忌有些迷惘，摇着头说道："在下不解其意。"

孟子慷慨陈词："人有正人和小人之分。正人者乃刚直不阿、俯仰无愧、亲贤远佞、堂皇正大之士也；小人者，乃翻云覆雨、居心叵测、暗室亏心之徒也。人人都知正人好、小人恶，然而尘世间却有许多人宁做小人，不做正人，还有许多人拥戴小人，不拥戴正人。因此我说做个正人是很难的。"

邹忌的脸色红一阵，白一阵，但仍若无其事地追问道："那么，为政不难又怎么讲？"

孟子扫了一眼众大臣，说道："为政只要不得罪那些有影响的贤大夫就行了。"

邹忌不解，又问："其中的道理是什么？"

孟子一字一顿地说："因为有影响的贤大夫所敬慕

的，一个国家的人也都会敬慕；一个国家的人所敬慕的，天下的人也都会敬慕。贤人以德影响万民，德教就像春风雨露一样润物无声，人性为之所移而不知。如果君主失去了贤大夫的信任，就会失去全国百姓的信任。"

齐国的贤大夫孙膑颇精于兵家之道，当时正在考究夏、商、周三代的兴衰史。他听到孟子的这些话很感兴趣，于是欠身问道："请问夫子，夏、商、周三代的兴衰原因是什么？"

孟子用目端详，只见他落落大方，有一股柔而不犯的气度，遂问道："请问先生高姓。"

孙膑微微一笑，再欠身道："在下姓孙，名膑。请先生不吝赐教。"

孟子仔细一看他的额角，隐隐地可看到几行墨色。原来，孙膑是春秋时著名军事家孙武的后代。他曾和庞涓一起学习兵法。庞涓学成后，做了梁惠王的将军，但他自觉能力不如孙膑，于是就暗地里派人把孙膑召来，用刑砍掉他的双脚，并在他的脸上刻了字，想让他无法出门见人，那样他庞涓就是天下第一了。但有一次齐国的使者到魏国出使，孙膑想办法拜见了齐使者，齐国使者偷偷地把他带到了齐国，受到了齐将田忌的善待与重用。

孟子对孙膑的思想虽不赞同，但很敬佩孙膑的为人，于是他欠身拱手，郑重地说道："久闻先生大名，幸会！

幸会!"

孙膑还礼道:"彼此彼此。"

孟子看着孙膑,侃侃而谈:"孟轲认为,夏、商、周三代之所以兴,是因为行仁政;夏、商、周三代之所以衰,是因为不行仁政。任何一个王朝和国家的兴起与衰败、生存和灭亡,其原因都不外乎是行仁政与不行仁政。天子不仁,不保四海;诸侯不仁,不保社稷;卿大夫不仁,不保宗庙;士庶人不仁,不保四体。现在人们都害怕死亡,国家都害怕灭亡却乐于不仁,这就好比害怕醉倒却偏要喝酒一样。"

齐威王听到这里,如芒在背,不自在地扭动了几下身躯,冷冰冰地问:"寡人一心想把齐国治理得强盛起来,使齐国外无敌国侵犯之苦,内无盗贼骚扰之困,让黎民百姓过上美满幸福的日子。请问先生如何才能做到这一点呢?"

孟子打着手势说道:"规矩是方圆的标准,圣人是做人的标准。作为君王,就要尽君王之道;作为臣子就要尽臣子之道。要做到这些也不难,只要效法唐尧和虞舜就行了。不用虞舜服侍唐尧的态度和方法去服侍君王,便是对君王的不恭敬;不用唐尧治理百姓的态度和方法来治理百姓,便是对百姓的残害。"

齐威王脸上终于显出了一丝微笑,语气和缓地说道:"请夫子讲详细一点如何?"

孟子字斟句酌地说："孔子说得很明白，治理国家的方法有两种：一种是行仁政，一种是行暴政。行仁政国家就会繁荣昌盛，黎民就会生活美满，怎会不拥戴君王呢？相反，若行暴政，不仅保不住国家，连自身也保不住。这样的君王死了之后其谥号便叫作'幽'、'厉'。纵然他有孝子贤孙，即使过了一百代，也是改变不了的。《诗》曰：'殷鉴不远，在夏后之世。'（《诗经·大雅·荡》）就是说的这个道理。"

齐威王越发温和地说："那么怎样区分君王的有道与无道呢？"

孟子神采飞扬地说："有道的国君执政，顺乎民心，合乎民意，政通人和，道德高尚的人役使道德不高尚的人，贤能的人役使不贤能的人。因此，国家兴旺，万民欢悦。无道的国君执政，悖逆天意，违背民心，贤避佞出，力量大的役使力量小的，强的役使弱的。因此国家衰败，万民悲愤。在我孟轲看来，天意不可违，民心不可伤。顺天者存，逆天者亡。当年齐景公就曾经说过：'既然不能命令别人，又不肯接受别人的命令，就只有死路一条了。'所以他就流着眼泪把女儿嫁到吴国去了。而今有些弱小的国家以强大的国家为师，却以接受其命令为耻。这就好像弟子以接受老师的教诲为耻一样。假若真的以此为耻，最好以周文王为师，假若真的以周文王为师，那么强大的国家只需五年，弱小的国家也只需七

年，便可以得到天下了。《诗》云：'商之子孙，其丽不亿。上帝既命，侯于周服。侯于周服，天命靡常。殷士肤敏，灌将于京。'（《诗经·大雅·文王》）孔子也曾说过：'仁不可为众也。夫国君好仁，天下无敌。'今也欲无敌于天下而不以仁，是犹执热而不以濯也。《诗》云：'谁能执热，逝不以濯？'（《诗经·大雅·桑柔》）"

讲仁论圣

　　孟子一看齐威王不是自己想象中的君王，后悔不该到齐国来。回到齐都客栈后，对弟子们说："天不让我遇明主，又何言哉!"

　　公孙丑知道孟子心情不佳，搜肠刮肚地想办法宽慰老师。他说："先生，弟子听人说齐威王学他父亲的做法，在稷门外的稷下广设学宫，招揽天下学子，任其讲学，随意议论。您老何不带我们前去见识见识? 一则可以让弟子们开开眼界，二则可以从其他各派学者那里受到启迪。"

　　春秋战国时期在中国历史上是一个转型时期。这时，夏、商、周以来建立起来的奴隶制度逐渐衰落了，一种新兴的生产关系——封建生产关系正在产生成长起来。生

产关系的转变意味着经济利益的转移，所以会不可避免
地带来激烈的阶级斗争和社会变革，带来政治上的暂时
的混乱。而世间的事情往往是有一弊就有一利，政治上
混乱的时代也常常是思想上自由、解放的时代。春秋战
国时期的巨大历史变革就带来了空前的思想大解放，一
时诸子蜂起，出现了热闹纷繁的"百家争鸣"的局面。
当时较著名的派别有十家：儒、道、墨、名、法、阴阳、
纵横、农、杂、兵等。他们面向历史汲取历史上的经验
教训，针对现实提出种种不同的政治主张和治国方略。
可谓百花齐放，多彩多姿。那真是一个思想上灿烂辉煌
的时代。

孟子听了公孙丑的话，眼睛突然一亮，"你不说我倒
忘了。这稷下乃是当今诸子荟萃之地，岂有不去之理！"

公都子是个急性子，抢着问道："先生，何时去？"

孟子说："即可便走。"说完带着万章、乐正克、和
公都子登上马车，径奔稷下。

稷下在齐国都城临淄城的西边南首的稷门外，以在
稷山之下而得名。公孙丑生在齐国，长在齐国，对齐国
都城的地理情况一清二楚。当下，他扬鞭摧马，不一会
儿就出了稷门。

孟子放眼南望，只见不远处有一片整齐的房屋，暗
自猜想：那便是稷下学宫了吧。

公孙丑越发快速地摧马前进，很快就来到了一座朴

素凝重的门楼之下，红漆的大门敞开着，不断有人进进出出。

孟子迈着轻爽的脚步愉快地走进学宫大门。院落十分宽阔，一进门便觉豁然开朗，孟子内心的郁闷也一下子消散了。院中松柏杂错，形态各异；房屋都是依势建造，不拘一格，齐、秦、燕、楚之风，汇聚一院，使各国来宾都颇感亲切舒适。

孟子一边朝前走着，一边看着想着，忽然听到一阵慷慨激昂的讲话之声，随即一片热烈的掌声。孟子一行循声而去，看到庭院北首一个用土筑起的高台，上面站着一个人，正在演讲。台下足有三百人或坐或站地侧耳倾听。孟子回头向弟子们"嘘"了一声，示意他们不要出声。然后，放开脚步走了过去。

台上演讲的人约有二十五六岁年纪，中等身材，儒服纶巾，面似满月，眉清目秀，操一口熟练的雅言，抑扬顿挫地讲着："……人生在世，仁义为本，忠孝在先。仁者，德之本也，万善之源头也。有仁德的人，能友爱地待人，并能同情人，有仁德的人学识渊博，志向坚定，弘毅坚强，朴实无华；有仁德的人，心胸宽阔，心境和平，没有烦恼和忧愁；有仁德的人爱憎分明，勇敢果断，忠于职守，能够以天下为己任。义者，宜也，一言一行恰到好处也。舍生忘死，报效国家，谓之义；秉公执法，不徇私情，谓之义；战天斗地，兴利除弊，谓之义；排

忧解难，助人为乐，谓之义；临危不惧，推己及人，谓
之义；尊老爱幼，锄霸扶弱，谓之义……"

一阵热烈的喝彩声打断了演讲人的话。他急忙合掌，
不停地向台下作揖致谢。忽然，他情不自禁地一怔，立
刻从台上疾步走下来，到了离孟子五六步远的地方站定，
正目注视孟子，深施一礼道："晚生拜见先生！"

孟子惊奇地问道："我与先生素不相识，先生为何如
此错爱？"

演讲人自信地说："晚生一见到先生，就知先生绝非
等闲之辈。"

孟子笑了："倒要请教其中的奥妙。"

演讲人说："先生器宇轩昂，一副圣贤之相；举止端
庄，一派大家风范。所以晚生敢于冒昧地断言，先生或
许正是晚生久已想拜见的人……"

公都子听得兴奋异常，快言快语地说："你还真是好
眼力，先生他正是当今圣人孟夫子。"

演讲人慌忙整衣跪拜道："弟子高子拜见先生。"

孟子自语道："高子？"

那人说："弟子姓高，单名一个子字。"

孟子扶他站起身来，将公孙丑、万章、乐正克和公
都子一一向他介绍过，笑容满面地说："你方才讲得很
好，可谓抓住了仁和义的精要所在。请你重上讲坛，接
着讲忠孝吧！"

高子羞涩地说道："弟子方才是一时心血来潮，不着边际地东诌西扯了一通。眼下老师在前，弟子怎敢再胡言乱语。"

这时，听讲的人们陆续围拢了过来，人群中突然有人高声说："既然孟夫子光临学宫，何不请夫子登台演讲？"

众人齐声响应："对，夫子设教授徒，名扬四海，乃当今盖世之才。这是难得的机遇。请夫子登坛讲学！"

人们情绪亢奋，呼喊声此起彼伏。

孟子看着眼前的情景，想着齐国宫廷里的情景，两相比较，感触颇深，朗声说道："'仁言，不如仁声之入人深也。'（《孟子·尽心上》）既然诸位如此抬爱孟轲，我便为诸位演奏一首乐曲如何？"

人们异口同声地答道："多谢夫子！"

孟子席地而坐，熟练地调了调琴弦，开始演奏起来。琴声忽而低沉，忽而悠扬。低沉时，如万马奔腾，沉重而蓄积着力量；悠扬时，如春鸟掠空，欢快又透射出轻灵。

人们被这美妙的音乐声带进了另一番天地之中，一个个神情肃穆，沉浸于音乐所营造的意境之中。

孟子忽然引吭高歌，歌声纯净明亮，一派儒家君子之风。

假乐君子，显显令德。宜民宜人，受禄

于天。

　　　保右命之，自天申之。千禄百福，子孙
千亿。

（《诗·大雅·假乐》）

　　流畅华美的乐声和孟子温润的歌喉、雍容的表情有一股强大的和煦化人的力量，使大家如坐春风，博得了众人经久不息的喝彩声。他站起来，对众人报以和蔼的微笑。等大家静下来以后，他朗声说道："良好的政治只能使百姓得到财富，良好的教育却能使百姓得到礼义廉耻。周文王既重视推行仁政，也重视举办教育，所以周文王便成了百代传颂的圣明天子。同样，周公既辅佐周成王推行仁政，又制礼作乐，兴办教育，所以周公便成了万民景仰的大圣人了。"

　　公都子问："敢问先生，自有生民以来，应推谁为第一个圣人呢？"

　　"你问得好！"孟子兴致勃勃。"自有生民以来，当推周公为第一个圣人。"

　　万章恳求道："先生，弟子很早以前就想请您老讲讲圣人的情形，今日既然谈到这里，就请先生详细告诫弟子一番，何为真正的圣人。"

　　"圣人皆可为百世之师！"孟子神情怡然。"但圣人又不是千人一面的，他们不是扭转自己的本性，把自己装到一种模子里去，他们只是发展自己的善性，使自己不离道德的轨道罢了。所以圣人虽有着让人难以企及的高尚人格，但他们又是活生生地带着自己脾气个性的人。伯夷，非礼勿视，非礼勿听。不是理想的君主他就不去侍奉，不是理想的黎民他就不去使唤，有道君主执政他就出来做官，无道君主执政他就退避隐居。施行暴政的国家，住有暴民的地方，他连去也不去。他认为，和没有教养的人相处，就像坐在污泥和炭灰上一样。因此殷纣王执政的时候，他就住在北海边上，等待天下太平。所以听到伯夷气节，贪得无厌的人都变得廉洁清明了，胆怯懦弱的人都变得坚强果敢了。"

万章问："那么，伯夷应该说是怎样的一个圣人呢？"

孟子说："伯夷是一个清高的圣人。"

万章问："伊尹是个什么样的圣人呢？"

孟子说："伊尹是个负责的圣人。他曾说过：哪个君主不可以侍奉？哪个百姓不可以使唤？因此有道的君主执政他出来做官，无道的君主执政他也出来做官，并且说：'上天生育黎民，就是让先知先觉的人来开导后知后觉的人。我是这些人中的先知先觉者，所以我将以唐尧、虞舜的思想来开导后知后觉的人。'他想，普天下的黎民，不管男人、女人只要有一个人没有得到唐尧、虞舜思想的好处，就好像自己亲手把他推进深沟一样。因此，他以拯救苦难的黎民百姓为己任。"

万章又问:"那么,柳下惠是什么样的圣人呢?"

孟子说:"柳下惠是一个随和的圣人。他不以侍奉坏的君主为耻,也不因官小而辞掉。在宫中办事,他不隐瞒自己的才能,但一定要按照自己的原则去办。被遗弃而不怨恨,受贫穷而不忧愁。他说:'你是你,我是我。'因此听到柳下惠高风亮节的人,胸襟狭小的也宽宏大量起来了,尖酸刻薄的也诚实厚道起来了。"

万章末了问道:"那么,孔子是怎样的圣人呢?"

孟子整衣敛容:"孔子乃是最识时务的一个圣人。孔子当年离开齐国的时候,没等把米淘净、沥干就走。后来离开鲁国的时候却说:'我们慢慢走吧。这才是离开父母之邦的态度。'应该走就立即走,应该继续干就继续干,应该做官就做官,不应该做官就不做官。这就是孔子。孔子是集古代一切圣贤之大成者。所谓集大成,乃金声玉振也。好比奏乐,以敲钟始,以击磬终,有始有终,和谐优美,悦耳动听,完美无缺。先敲钟是节奏条理的开始;后击磬是节奏条理的终结。条理的开始在于智,条理的终结在于圣。智如技巧,圣似气力。犹如百步穿杨,射到与否,靠的是力量;射中与否,靠的却是技巧。"

话音刚落,有人在背后高声赞叹道:"好!讲得好!"

得遇知己

　　孟子回头一看，来人五十多岁，高不满七尺，须俯视才能看清他的脸，清秀的面孔，神气高朗，轩然霞举，孟子觉得好生面善，一时间又想不起在何处见过。

　　来人慈眉善目地笑着说："夫子果然是贵人多忘事，难道不认识在下了？"

　　孟子反复打量，豁然确认道："对，今日上午刚刚在宫中见过大人，方才一时没想起来，望大人勿怪。"

　　来人朗声笑道："宫廷官员甚众，夫子只逗留了一瞬间，怎能全认识呢？"

　　孟子抱拳道："惭愧得很，孟轲尚未请教过大人的尊姓。"

　　来人还礼道："在下复姓淳于，单名一个髡字。"

孟子肃然起敬，惊喜地说："孟轲久仰大人英名，今日有缘一睹风采，实为大幸。"

原来他就是以大鸟的隐语来劝说齐威王的那个淳于髡。他是东莱子国人，自幼聪颖好学，才德兼备，二十多岁就初露锋芒，曾多次在齐国稷下学宫演讲，博得了齐国朝野的赞许，先被齐国都城内著名的儒士浩生不害招赘为婿，后又被齐威王重用扶助齐威王除奸佞、纳贤良、减赋税、免刑戮，为齐国的强盛起了很大作用。一次，楚国陈兵五万攻齐，齐国臣民惊恐万状。淳于髡启奏齐威王，要求到赵国求援。齐威王准奏。淳于髡日夜兼程，奔赴赵国。赵肃侯当即给以精兵两万，兵车千乘。楚军闻讯，赶紧撤兵走了。

孟子看着淳于髡的神态，想着他的功绩，用试探性的口气问道："大人来学宫是故地重游呢，还是别有原因呢？"

淳于髡坦诚相告："在下今日在宫廷听了夫子的一席话，受益匪浅，所以特意前来追寻夫子，继续聆听教诲。"

一丝欣慰之感掠过孟子心头："岂敢岂敢，不过，既来之，则安之，请大人到客栈一叙。"

到了齐都客栈，分宾主坐定。淳于髡开门见山地问道："夫子今番率弟子到齐国来，是游说我主公施礼教、行仁政呢，还是想长期留在齐国做官从政呢？"

　　孟子说："孔子是神人之中最识时务者，孟轲不才，却总想效法于他。"

　　淳于髡说："夫子继承孔子的光辉业绩，设教授徒，天下英才尽列门墙。据在下所知，夫子门下已有八九百人，文武兼备者不下百人。这些人武能安邦，文能治国。所以在下认为，夫子乃当之无愧的大圣人。"

　　孟子说："大人取笑了。"

　　淳于髡发自肺腑地说："以在下看来，夫子也是一位识时务的圣人。"

　　孟子笑而不答。

　　淳于髡解释道："夫子舍邹、鲁而就齐国，就是一个明显的例证。"

　　孟子有些尴尬地笑道："大人也许误解了孟轲来齐国的用意了。"

　　淳于髡自信地说："在下是有足够的依据的。其一，夫子今日在宫廷中说得十分明白，倘若有君王能以周文王为师，强盛的国家只需要五年，弱小的国家也只需要七年，便可以得到天下了。所以我敢断言，夫子必然未被邹君和鲁君所重用。其二，当今之世，周显王已名存实亡，秦、魏、韩、赵、楚、燕、齐七国形成了争霸之势。齐国乃东方第一大国，地域辽阔，物阜民丰。夫子若想平定诸侯纷争，解救黎民于水深火热之中，建立一个太平盛世，舍齐国而依靠谁呢？其三，齐威王向来以

纳才任贤而闻名于世，夫子焉有不知之理！"

孟子重新打量淳于髡，目光里饱含着敬佩之情。

淳于髡接着说："夫子之所以在宫廷中引经据典，讲仁论义那是因为夫子觉得齐威王并不是自己心目中的齐威王的缘故。"

孟子对淳于髡的聪明感到震惊，心想："果然不是平庸之辈，难怪齐威王如此重用他！"

淳于髡盯着孟子的眼睛说："夫子既然有宏誓大愿，想立身成名，就应该设法博得君王的欢心，让他重用你或你的弟子才是。"

孟子望着淳于髡平静的脸色，大惑不解。沉吟片刻，说道："孟轲最为崇尚的、一生追求的是浩然之气。我出游齐国的目的是要用仁政王道劝说君王，造福百姓，而不是贩卖圣贤之德以苟得官禄。淳于大人，你这样说话就是小看孟轲了。"

淳于髡解释道："夫子误解在下的意思了。在下不过是想说，为了平定乱世，拯救黎民百姓，有时候不得不做些让步而已。我并无辱没夫子品德之意，更不是劝夫子去阿谀奉承、攀龙附凤啊。"

孟子说："孟轲一生很重视名节和操守，最看不上纵横之士的翻云覆雨、奔走趋利的小人做法，他们自吹策略在胸，可全国保家，但他们所谓策略实际是些奸诈之计，尽失先王温柔敦厚之旨；他们所以全人之国、保人

之家，实际是为了一己之私，今天全这一国，明天就可灭这一国。把现状弄得更糟。"

淳于髡也感叹道："春秋时期虽说混乱，尚有五霸'尊王攘夷'，奉周天子为天下共主，华夏还可谓一统。而今战国纷争，各霸一方，山河分裂，兄弟成仇。这是天下人共同的大不幸。"

孟子问道："淳于大人说的'五霸'可是指齐桓公、晋文公、秦穆公、宋襄公和楚庄王？"

淳于髡说："正是。"

孟子有些激动地说："依孟轲看来，五霸虽有'尊王攘夷'之功，但他们对于夏禹、商汤、周文王、周武王来说，都是罪人。"

淳于髡皱了皱眉头说道："请夫子恕在下愚钝，不明其中道理请夫子赐教。"

孟子说："诗云：'普天之下，莫非王土；率国之滨，莫非王臣。'文王行仁，得天下之民心；武王伐纣，得天下之土地。然后分封诸侯，与功臣、宗室共享四海。因此周王是天子，诸侯是辅臣。周公时期，天子每年两次巡幸各诸侯国，叫作'巡狩'。春天考察耕种，秋天考察收获。进入一个诸侯国的疆界，只要看到土地深耕细作，庄稼长得好，老有所养、幼有所爱、贤者有所尊、能者有所用，便立即赏赐土地给这个国家。如果看到土地荒芜，庄稼长得不好，老无所养、幼无所爱、贤者不被尊

重、能者不被重用，就立即给予责罚。而诸侯则按时朝见周天子，这叫作述职。诸侯述职，一次不朝，就降低爵位；两次不朝，就削减土地；三次不朝，就发兵征讨。没有天子的命令，诸侯间是不能相互征伐的，而五霸却挟持一部分诸侯去攻伐另一部分诸侯，虽打着'尊王攘夷'的旗号，实为挟天子而令诸侯，是对周王权威的轻视。所以我说'五霸者，三王之罪人也'。"

淳于髡心悦诚服地点了点头，感叹道："人生在世，能有个好父母是其一幸；能有个好老师，是其二幸；能交几个挚友，是其三幸。在下今日得遇夫子，也是淳于髡的一大幸事啊。"

孟子说："淳于大人所说的三幸，孟轲都遇到了。幼年时母亲三迁择邻，还以断机喻我。后来曾先生耳提面命，不厌其烦，教导我学习和做人。昨日刚抵齐国，今日就得遇淳于大人，一见如故，推心置腹。可见，我孟轲也算得上是个幸运的人了。"

淳于髡激动地说："夫子把淳于髡引为知己，髡不胜荣幸，颇有受宠若惊之感。"

自此，两人成了知己的好友。

一天，浩生不害置办下酒席，命淳于髡把孟子和他的主要弟子请到府上，热情款待。

宾主依次坐定，浩生不害客套道："夫子今日肯赏光前来，乃老朽之幸也。诸位请开怀畅饮。"

酒过三巡，浩生不害又说："歌舞侍候！"

八位乐师和四位舞女应声而出。奏起悠扬欢快的乐曲，跳起舒展优美的舞蹈。

舞女们一边跳舞，一边唱道：

呦呦鹿鸣，食野之苹。我有嘉宾，鼓瑟吹笙。

吹笙鼓簧，承筐是将。人之好我，示我周行。

（《诗经·小雅·鹿鸣》）

孟子欣赏着音乐和歌舞，把眼前的情景和墙壁上的图画两相比较，颇有一种浑然一体的感觉。

舞女们接着唱道：

呦呦鹿鸣，食野之芩。我有嘉宾，鼓瑟鼓琴。鼓瑟鼓琴，和乐且湛。我有旨酒，以燕乐嘉宾之心。

（《诗·小雅·鹿鸣》）

浩生不害有些自我陶醉之感，捧起铜爵尽情喝了一杯，高声说道："作此诗的人，深知饮者的心啊！作此曲的人，深知诗人之意啊！孔老夫子说，'韶'乐尽善尽美。我认为'鹿鸣'也尽善尽美啊！"

　　孟子点头赞同。他观此情，观此景，心头涌起一种唐虞之治的感觉，心想："周天子何时才能把华夏大地治理得这般和谐安泰呢？"他看着，想着，平定乱世，拯救万民的热情又在他的心中鼓荡起来。

　　浩生不害把公孙丑、万章、乐正克和高子等人挨个端详了一番，说道："夫子的弟子个个相貌端庄、举止稳重，将来必定都是栋梁之才。以老朽看来，能够重用夫子和夫子的弟子的国家，即是匡定天下的国家。"

　　孟子欠身道："浩生大人过奖了，孟轲实不敢当。"

　　浩生不害接着说："孔子当年开办私学，一生授徒三千，精通六艺者七十二人。而今夫子谨遵孔子之道，设教授徒，大有后来者居上之势。以老朽推断，后人必定会把夫子和孔子相提并论。"

　　孟子有点不安地说："大人取笑了。自有生民以来，未有盛于孔子者。他的功绩可与日月争辉，可与天地并存。孟轲只不过是一介儒生而已，岂敢和孔子相提并论。"

　　浩生不害郑重地说："此事后人自有公论。"

讲释修身

孟子从浩生不害府上回到齐都客栈，刚进门，迎面走来一个高身材，四方脸，须髯如戟，微服便靴，约有 56 岁年纪的人，他没等孟子开口便走上前来拱手施礼道："在下匡章，慕夫子的大名特来拜访。"

匡章是齐国的大夫，孟子早就听说过他。当下还过礼，便把他引进室内落座。

匡章满怀敬意地说："夫子紧步孔子的踵武，设教授徒，高足满天下，着实使人敬佩！"

孟子微微一笑："匡大人过奖了。"

匡章接着说："夫子向弟子传授'六艺'，讲述仁义，世人皆知。别说夫子良知良能，深通文武，就是夫子的弟子中，也不乏文武兼备者，这也是世人有目共睹的。但是夫子不在邹国或鲁国做官从政，却到齐国来游说，在下不明其中之意，难道夫子嫌弃自己的国家弱小而贪慕齐国的强大吗？请夫子明示。"

孟子淡淡地说："孟轲不才，尚知桑梓之重，但仲尼弟子当以天下为己任，岂可拘泥于一国一家，无论谁能够推行我儒家之仁政，使百姓安居，使天下平定，我们都会尽心辅佐他。"

匡章说："夫子认为当今各国国君哪一位是值得夫子辅佐的呢？"

孟子喟然而叹："真是世风日下，尧、舜时期尚贤、尚德，文、武时期尚礼、尚义，而今则尚武、尚力、尚欺诈之术。所以现在战乱不止，混乱不堪。各国国君只知道武力给他们带来了利益，就认为武力是一统天下的好办法，就重用带兵布阵之将，依赖巧言渔利的纵横之士。却不知道这样求得利益的同时也种下了祸根。'杀人之父，人亦杀其父，杀人之兄，人亦杀其兄。'(《孟子·尽心下》)于是冤冤相报，祸患连绵。殊不知一统天下的正确道路是行王道、行仁政。当今君主少有对此热心者，人心不古啊！但我相信：人皆可以为尧舜，劝说他们来行仁政，帮助他们成为尧舜，正是吾辈所努力的方向。"

匡章说："在下深知夫子向来以仁义为本，倡导仁义，呼唤仁义。但匡章有一点不明，仁义在人们的心目中到底能占多大位置，人能够自觉地行仁义吗？"

　　孟子正了正冠，正视着匡章，缓缓地说道："人皆有'四端'，恻隐之心，仁之端也；羞恶之心，义之端也；辞让之心，礼之端也；是非之心，智之端也。不断地培养自己的这四种善端，就会成为一个仁人。"

　　两人一直交谈到深夜，匡章起身告辞："在下听了夫子一席话，茅塞顿开。冒昧地问一句，明天夫子是否有时间？我想请夫子去牛山一游，顺便继续向夫子请教。"

　　孟子欣然应允道："既然匡大人有此雅兴，孟轲愿意奉陪。"

　　说着，把匡章送到庭院。正遇公都子、乐正克驾着马车从门口进来，遂向他们介绍道："这位是齐国大将军匡大人。"

　　乐正克忙向匡章施礼，公都子却拉下面孔，扭过头去，不理匡章，夜色朦胧，匡章并没有觉察到公都子的表情。而孟子在一旁却看得一清二楚，他想："看来齐国人都不理解匡章啊，不知明天公都子会做出什么来。"

　　第二天早饭后，孟子唤过乐正克、万章、公孙丑和公都子，吩咐道："今日我要和匡将军一起去游牛山，你们四人随我同去！"

　　乐正克、万章、公孙丑齐声说道："是！"

　　公都子闷闷不乐，一声不吭地站在一边。

　　孟子看在眼里，却装作没有察觉的样子不动声色地问道："谁来驾车？"

公都子闷声闷气地说:"先生,还是我来吧!"

孟子一向很喜欢公都子的坦诚和直率,知道他内心里为什么不痛快,便拍了拍他的肩膀说:"那就快去套车吧!"

公都子刚套好马车,匡章就赶到了。孟子与匡章彼此问候毕,孟子邀请匡章同乘一车,匡章高兴地答应了。孟子示意匡章坐在左首。匡章说:"这岂不是失礼了吗!你是齐国的贵宾,又是我最尊敬的先生,我当以师礼侍奉夫子。"说着就把孟子扶上了车的左首。

匡章把孟子扶上左边,自己登上右边坐定,孟子就命乐正克、公孙丑和万章在前开路。

齐国都城十分繁华,一大早就车水马龙,熙熙攘攘,有一种上邦大国之态。齐国从一开始就是一个很有特色的国家,太公姜尚刚刚分封到营丘,初建齐国时就与鲁国形成了鲜明的对比。鲁公伯禽受封之鲁,三年后才向周公述职。周公就问:"为什么这么晚才来?"伯禽说:"变其俗,革其礼,丧三年然后除之,故迟。"太公封于齐,五个月就到周公那里去述职,周公问:"你为什么如此之快?"太公说:"吾简其君臣之礼,从其俗为也。"后来太公听到伯禽述职迟这件事后感叹说:"鲁国的后人大概要北面事齐了。因为政治如果不简易,人民就不愿亲近,只有平易近民,人民才乐于归附。"后来,齐国又在政治、经济上做了很多改革,"通商工之业,便鱼盐之

利。"尊贤尚功",而不像鲁国的"亲亲上恩",也就是说,齐国从一开始就是一个"崇物利,卑礼义"、"尚变革,勿守常"的国家,因此,经济发展很快,到春秋时期已经成了东方大国。而鲁国的经济发展则明显落后于齐国,到孟子时候,已经无法与齐国同日而语了。

出了城大约五六里路,匡章又问:"夫子,据在下所知,世上有许多人想成为仁人义士,有的人也着实做了不少好事,但是最终不能如愿以偿,这是什么原因呢?"

孟子慢吞吞地说道:"今日我们要去牛山,我便以牛山为例吧。牛山上的树木本来是很茂密、很优美的。可是,因为它离齐国的都城只有十几里路,人们伐取木材比较方便,久而久之,树木就被砍伐光了。当然它也长新树,生新草,可是络绎不绝的放牧者又很快把它们给吃光了。而今它像其他山一样,同有阳光的照耀,同有雨露的滋润,却不能再拥有茂密的树林了,它最终还是变成了一座秃山。不了解情况的人看了牛山这种光秃秃的样子,还以为牛山本来就是如此呢?"

匡章暗暗惊奇,问道:"夫子曾经到过牛山?"

孟子摇摇头说:"我从未来过齐国,又怎去过牛山呢?"

匡章赞叹道:"夫子真乃无事不知、无事不晓的神人啊!"

孟子接着说:"孔子有一句至理名言,叫作:'性相

近也，习相远也。'（《论语·阳货》）仁义之心，人人皆有。所不同的是，仁人义士能够长期地保持并不断地培养这种仁义之心。而有些人则不然，他们丧失仁义之心就像是牛山丧失草木一样，日夜不停地去砍伐它，它能够茂盛吗？这些人夜晚扪心自问时，有时也会激发出仁义之心，可是，等到第二天做事时，又把它毁灭掉了。这样反反复复地毁灭，那仁义之心也难以存在了。一点仁义之心都没有的人，与禽兽何异！因此人们就把这种人视为禽兽，认为他从来就没有过仁义。"

出城不到一个时辰，马车来到牛山脚下。匡章举目一看，山上一棵树也没有，只有东一堆、西一簇的荆棘，一群山羊正在啃食黄草。

匡章跳下马车，抚膺长叹道："俗话说：近朱者赤，近墨者黑。在下往往体会不深，今日和夫子同行，方知潜移默化的力量是很大的。夫子不说，在下还以为牛山从来就没有长过大树呢。仔细品味，夫子的话着实有道理，似这般终日放牧牛羊，长此以往，恐怕连草根也要被啃光了。我懂得修养德行的方法了。"

孟子说："登高可以望远。我等既已来此，何不登上山顶，远眺齐都的雄姿呢？"

公都子和公孙丑二人把马匹拴好，跟随孟子拾级登山攀上极顶凝眸远望，但见齐国都城临淄被红、黄、绿三色笼罩着，显得异常雄伟，格外美丽。平原上零零落

落的村庄沐浴在秋日的阳光中，隐隐约约地传来鸡鸣狗吠之声，一派宁静安详。南面群山连绵起伏，通向了遥远的天边。无数的折皱记载着大自然的奥妙与神秘。

大自然总是给人无限的启迪，尤其是对那些感受敏锐、乐于思索的人们来说更是这样。孟子便是这样一个人，它在面对广阔的宇宙时常常陷入无际的遐思之中。

公都子看到老师那股专注的劲头，颇有点不可思议，走上前去问道："先生，你登泰山时流连忘返，弟子很理解，因为泰山景色奇绝。今日登牛山也流连忘返，弟子便不明白了。这么一座光秃秃的童山，又不太高，有何值得留恋的呢？"

孟子微微一笑，未作回答。

公都子突然又问："流连忘返一词为何不写成'留恋忘返'呢？"

孟子被他这个问题逗得笑起来："读书的劲敌是肤浅，读书的死敌是懒惰。肤浅就会不求甚解，懒惰就会停步不前。"

公都子羞答答地低下头，两只手不自然地揉搓着。

孟子一字一板地解释道："古人在创造'流连忘返'这个词时，赋予了它特有的含义，从流下而忘返谓之流，从流上而忘返谓之连。"

公都子悟出了其中的道理，说："弟子明白了。这个词本来是由水上游览引发出来的。"

孟子赞同地点了点头。众人登上马车，顺原路返回。

自此，匡章经常邀请孟子一起出游。

学生们都对老师常与匡章来往大感不解。一日，趁身边无人，公都子问道："先生，匡章虽然是齐国的大将军，可是齐国人说他是一个不孝的人。您却同他交往甚密，不但不厌弃他，还非常敬重他。敢问先生，这是什么缘故？"

孟子正坐在席子上读书，听到公都子的问话，慢慢地把书卷起，公都子看到那书的第一片竹简上写着一个"孝"字，这就是后来十三经之一的《孝经》，但在孟子时代还没有"孝经"这一称呼，对儒家的典籍冠以"经"字是从汉代"罢黜百家，独尊儒术"后开始的。孟子时代只是称这部典籍为《孝》。

孟子点头示意公都子在自己的对面坐下，说："这段时间大家可能都觉得很奇怪，说我这个最讲孝道的人怎么和一个不孝的人过从甚密呢？大有子路怪孔子与南子同车的味道。可其实是你们误解了匡章。在我看来，匡章并不是一个不孝的人。"

"他忍心让亲生母亲的骸骨埋在马厩里，不能进入祖坟，难道还能算是个孝子吗？"

孟子说："世人所说的不孝有五件事：一是四体不勤，懒惰成性，不体谅父母的辛劳；二是饮酒下棋，吃喝玩乐，不分担父母的忧愁；三是见钱眼开，偏爱妻小，

不顾及父母的生活；四是欲壑难填奢华无度，让父母蒙受耻辱；五是好强逞能，打架斗殴，危及父母安全。匡章的所作所为在这五项中占哪一项呢?"

公都子是个心直口快、认真执着的一个人，他觉得孟子还是没有具体的评价匡章，就不甘心地继续问道："匡章的不孝不表现在对待活着的父母上，而是表现在对待死去的母亲上。"

孟子看着公都子那副认真的神态，笑了笑，又摇了摇头，仍然心平气和地说："他这样对待母亲不是不孝，是不得已，或者说也是因为孝才这样做的。"

公都子更加觉得摸不着头脑。他用眼睛问询着。

孟子说："匡则已经过世了。若匡章把他母亲的尸体移葬到祖坟内，他父亲会不会同意呢？如果匡则不同意，匡章岂不是以活子欺死父吗？以活子欺死父难道可以叫作'孝'吗？"

万章抱着为孟子浆洗好的衣服来到门前，听到孟子正和公都子谈论孝道，不敢贸然走近。直至孟子讲完，他才趋步向前，把衣服放好，想转身退下。

孟子说："公孙丑，你继母对你如何?"

万章不知如何回答好，他支支吾吾答非所问地说："她尽管是我的继母，可是她对父亲好，对弟弟好，我还是敬重她，孝敬她。"

孟子满意地点头说："你是一个很有涵养的人。"

万章害怕孟子再问家中的事不好回答，便一反常态地抢着说："敢问先生，齐国人都认为匡章是不孝之人，避之唯恐不及，而先生却敢于和他交友，不避嫌疑，请问先生交友应该遵循怎样的原则呢？"

孟子笑了起来："没想到我和匡章交往引出了你们这么多问题！好！能引起你们的思考就好！"孟子停顿了一下，目光一片祥和。"交朋友，重在看对方品德、操守如何，心目中不能存有任何要依仗的私心杂念。一不能依仗自己的地位高而藐视地位低的，二不能依仗自己年纪大而藐视年纪小的，三不能依仗自己的富贵而藐视贫穷的。从前鲁国有位大将军，名叫孟献子，和孔子的父亲是同时代人。他有五位朋友，一个叫乐克裘，另一个句牧仲，其余三个我忘记名字了。孟献子是一个拥有百辆车马的大夫，身居要职。他的五位朋友，不过是一般的百姓而已，孟献子和他们成为至交，因为他们都是些忠诚、耿直之士。孟献子若依仗自己的显赫地位，就不屑于和他们交朋友了。他们若一心想着孟献子是个达官显贵，也就不和孟献子交朋友了。因此交友贵在交心，不能有私心杂念。只要谨记仁义二字，肯于交心，不仅像孟献子这样的大夫可以交上知心朋友，即使小国的君主也可以交上知心朋友；以仁义之心去交友，不仅小国国君能交上知心朋友，就是大国国君也能交上知心朋友。譬如晋平公，手下有许多贤臣，如祁奚、赵武、师旷、

叔向等人都是他的卿大夫。这些人功绩显赫，名震诸侯。还有一个叫亥唐的人居住在穷巷之中，不肯做官。而晋平公深知其贤经常亲自登门拜访他，并虚心向他请教治国之道。久而久之，两人成为莫逆之交。晋平公拜访亥唐时总是恭恭敬敬地等候在门前，亥唐叫他进门，他就进门；亥唐叫他坐下，他就坐下；亥唐叫他吃饭，他就吃饭；纵然是粗茶淡饭，晋平公也能吃饱。贵为天子而能和平民百姓交朋友，尧可以说是个典范了，虞舜拜谒唐尧，唐尧请他住在另一处官邸中，请他吃饭，有时虞舜亦作东道主，两人彼此互为主人和客人。"

孟子的一番话，令学生们感慨良多。

几天后，齐国下了一场大雪。齐威王又邀请孟子去郊外赏雪。

齐威王的邀请使孟子感到施展自己治国方略的一线机会，然而，齐威王只是邀请他到郊外游玩而已，并没有重用他的意思。这时，相国邹忌与大将田忌不合，也给孟子的心头蒙上了一层阴影。

光阴似箭，日月如梭。不觉三年过去了。公元前338年，孟子决定离开齐国。

阐述善性

　　孟子决定离开齐国，有一个重要的原因，那就是宋王偃的称王。齐威王十九年，也就是公元前 338 年，宋王偃称王，并宣称要行仁政。于是孟子便离开齐国来到了宋国。

　　宋国是一个非常古老的国家，一般认为开国君主是微子启，但其中有一段曲折的过程。武王灭殷后，周公把纣王的儿子武庚、禄父分封为诸侯，以免殷人断了香火，周公是个很成熟的政治家，当然考虑到了殷人与周朝之间的亡国之恨，为了避免他们作乱，又派自己的弟弟管叔和蔡叔前去监国。但出人意料的是，作乱的恰恰就是管叔、蔡叔。武王死后，管叔、蔡叔联合武庚、禄父反叛，要夺取成王的帝位。周公平定了这次叛乱，除掉武庚，杀死管叔，流放了蔡叔。让微子

继承封国，微子名启。"启"和"开"同义，所以史书上有时也称之为"微子开"。

微子是殷纣王的庶兄，也就是说，微子是纣王父亲的妾生的。但微子是一个贤能而仁厚的君子，曾多次劝谏纣王改变荒淫暴行，施仁义之政。纣王不听，微子便愤怒地离开了纣王。孔子一生高扬"仁"的德行，但他所谓"仁"的标准很高，所以孔子首肯的仁人寥若晨星，而微子却得到了这种殊荣。《论语·微子》记载说："微子去之，箕子为之奴，比干谏而死。孔子曰：'殷有三仁焉。'"

为了避免叛乱再起，周公在微子就国之时，娓娓教导微子勿忘祖先圣德，勤政保民，辅佐周王。《尚书·微子之命》记载的就是周公的这段教导。从此宋国便开始了它悠久而平稳的历史。

从微子历十余代而至宋王偃，国势日渐衰落，宋王偃更是一个高呼行仁政而实际上荒淫无道的君主。

孟子带着他的弟子们驾着马车，迤逦西向，沿着通往宋国的官道缓缓而行。正是晚春时节，黄河下游平原上沟渠纵横，麦苗青青，天地间充满阳光与鸟鸣。但即使是在这样明媚的春光中也难免让人遇到战乱的惨象，路上络绎着流离失所的人群，视野中不断出现断壁颓垣，空城废堡。在蓝天白云之下，显得格外触目惊心。"满目疮痍"，你会感到这个字眼是多么恰当。

　　孟子坐在车中，看着眼前的一切，《黍离》歌的凄苍的旋律又回响在耳边：

　　　　彼黍离离，彼稷之苗。行迈迟迟，中心摇摇。知我者谓我心忧，不知我者谓我何求。悠悠苍天，此何人哉？

　　是啊，是谁造成了这样的人间苦难呢？大自然是多么美好啊！可生活在同一空间里的人为什么如此痛苦呢？

　　这样的问题是春秋战国时期的思想家所共同思考的问题，不同的学派给出了不同的答案。即使是属于同一学派的学者也由于时代的不同，思路的不同而作出不同的解答。于是就出现了百家争鸣的局面。那真是一个创见迭出，灵感蜂至的时代，越是混乱苦难的时代，越能激发人类智慧的灵光。

　　孔子和孟子在对这样问题的解答上是有着极大的不同的。孔子对西周初年的社会秩序有着超乎寻常的留恋，他认为摆脱社会苦难的最好方法就是回到西周初年的秩序之中。

　　"克己复礼为仁。"孔子认真地对他的得意弟子颜渊说。

　　孟子的时代已经失去了回到西周初年社会秩序的任何可能性，所以孟子并没有墨守孔子的一切思想，他提出了"仁政"和"王道"思想，鼓励任何一个能行王道的国君完成统一全国的重任。

　　这样走着想着，不觉已经进入宋国境内。宋国位于今天的河南省东部，古黄河横贯全境，都城商丘就坐落在黄河北岸，远远望去，低矮而又隳颓。

　　孟子正感慨于大自然与人间的巨大反差，忽见高高的黄河堤岸上有一个大汉倒背着双手，聚精会神地看着河中汤汤流过的黄河水。孟子知道这一定是一个奇人，便示意弟子们停下车，自己一人悄悄地走了过去。

　　忽听那大汉长吟道："逝者如斯夫！不舍昼夜。"（《论语·子罕》）宛然一个孔夫子在世。

　　孟子听得真切，知道这是一位儒者，心想：孔老夫子真是桃李满天下，到处都回响着他老人家的诤诤格言和谆谆教诲。孟子愉快地走上前去。

　　那大汉听到脚步声，缓缓地转过身来仔细打量着孟子，孟子平静和善地望着他。忽然那人恭恭敬敬地抱拳施礼道："先生气度非凡，莫非是当今大圣人孟夫子？"

　　孟子笑道："正是孟轲。"

　　大汉急忙整衣跪拜道："楚人陈代拜见先生。"

　　孟子上前扶起他："请起，请起！"

　　陈代站起来，恭恭敬敬地立在孟子面前。他身材高大，不像一般的楚国人，衣着很普通，只是佩带了一块美玉。古人佩玉，不仅是作为一种修饰，而且把它当成喻德之物，古人认为玉石之美有五德，"润泽以温，仁之方也；丝理自外，可以知中，义之方也；其声舒扬，专

以远闻，智之方也；不挠而折，勇之方也；锐廉而不技，洁之方也。"所以古时儒生多佩玉，以寄托自己的君子之德。

孟子和蔼地问道："陈代，你来这里作什么，为何又感慨万千？"

陈代激动地说："弟子已离家半月有余，正要前往齐国拜谒先生，天厚陈代，让弟子在此巧遇先生。适才弟子见河水汤汤，向东而逝，虽说气势悲壮感人，却也一去不回，如过去的时光一样永远难再，让人伤感。更觉孔夫子之语痛切至深，不觉吟咏而出，让先生见笑了。"

孟子高兴地拍了拍陈代的手臂："我正要到宋国去，你就上车与我们一同去吧！"

孟子一行来到宋国，找了一个馆舍住下，等待宋王偃的召见。但宋王偃虽扬言要行仁政，其实是一个荒淫无度的昏庸之辈，孟子的到来并没有使他感到荣耀与幸运，相反他更害怕孟子会说三道四，影响他的安逸生活，所以他丝毫没有召见孟子的意思。

孟子的馆舍虽无国君使者的到来，却也并不寂寞，宋国贤士，周边各国的仁人君子，都蜂拥而来向孟子求教。孟子也乐于借此机会宣传自己"仁政"、"王道"的主张。

一天，孟子正与魏国的几位士人谈话，忽见乐正克领进一个人来，这个人黧黑的面孔，虽有劳顿之色，却

不失庄重文雅的神情；身上穿着朱红色的丝织深衣，而满身风尘早已掩盖了衣服的鲜艳；头发蓬乱，很随意地用一个带有紫金横梁的冠束起，又插上一根象牙簪子。

乐正克把他引到孟子面前，介绍道："先生，这位是滕国公子。"

滕国公子斯斯文文地施礼道："夫子一向可好？"

孟子也站起身还礼。

滕国公子说："我受父亲的差遣，出使楚国，路经宋国，听说夫子在此，特来拜访，以求讨教一二。"

孟子说："公子过谦了。孟轲周游天下，正是要向天下英才请教，公子前来，定会使孟轲受益匪浅。请坐下细细谈来。"

滕国公子忧虑地说道："滕国虽处中原，却是一区区小国，夹在大国之间，时有岌岌可危之感。我渴望着有一天能天下太平，各国间和睦相处，人民能安居乐业。却又弄不明白天下如此乱哄哄的原因是什么。敢向夫子请教。"

孟子说："这都是由人的私欲引起来的。周朝初年，周武王为了加强对天下的治理，把九州大地划分成若干个国家，分封诸侯。殊不料有的诸侯国私心膨胀，要扩大自己的地盘，便用武力征伐的手段吞并邻国。所以我永远义无反顾地反对这种侵害他人、搅扰百姓的不义战争。春秋无义战，今日之诸多战争又何尝不是如此呢？"

他强忍住自己愤怒的情绪，接着说："我的理想和公子一样，也想让天下安定，黎民幸福，我不断呼吁的'仁政'、'王道'大概是解决这一问题的唯一途径吧！"

滕国公子感慨地说："夫子之为人所尊重，原因正在于此。夫子为之奋斗的目标和孔老夫子一样，要最终实现'大道之行，天下为公'的美好社会。这是人人都向往的乐土啊！但我却认为这是一种空想，因为人生来就有善恶之分，善人当然努力趋向美好，而恶人却把作恶当成自己的享受，如此这般，受难的永远是善人，那美好的社会也只能永远是一幅美丽的图画而已。"

孟子说："公子所言，孟轲不敢苟同。公子认为人生来就有善恶之分，不同于孟轲的理解。我以为人的本性是善的，人都是带着一颗无邪的赤子之心来到这个世界上的。不过，由于后天环境的不同使人有了善恶之分。孔子曰：'性相近也，习相远也。'讲的就是这个道理。"

滕国公子说："我迟早要成为一个国君，我愿意实行夫子所提倡的'仁政'和'王道'，我愿意成为一个人人敬仰的仁君。我怎样做才能达到这一目的呢？"

孟子鼓励他说："这并不难，只要肯于培养怜悯他人的心就够了。唐尧、虞舜、夏禹、商汤、周文王、周武王这些圣明的帝王，就因为他们有了怜悯别人的心肠，才有了怜悯别人的政事。以怜悯别人的心肠来施行怜悯别人的政事，天下将运于掌上，岂有治理不好国家

之理?"

滕国公子两眼放出光芒,他那黧黑的脸上透出兴奋的红晕,他被孟子的这番道理吸引住了。

孟子滔滔不绝地说:"我之所以说每个人都有怜悯别人的心肠,道理是这样的:假设一个人看到一个小孩掉到井里去了,他一定会惊骇不已,非常同情那个小孩。我想不仅他一人同情,任何人都会同情。这种心情的产生,并不是为了和这小孩的父母攀结交情,不是为了在乡里朋友之间博取名誉,也不是因为厌恶那个小孩的哭声,而是因为人人都有怜悯别人的心肠。由此可见,无恻隐之心,非人也;无羞恶之心,非人也;无辞让之心,非人也;无是非之心,非人也。恻隐之心是仁的开端;羞恶之心,是义的开端;辞让之心是礼的开端;是非之心,是智的开端。所谓'端',就好像草木刚刚萌生的幼芽,一个人只要有了这四种'端'就如同有了手足四肢一样。可以做任何他想做的事情。如果有了这四种'端',还是认为自己什么都做不好,他就是一个自暴自弃的人;有了这四种'端',如果再能够尽力把它扩展开来,就如同有了星星之火,终将不可扑灭;又好比有了涓涓泉水,必将汇成江河。"

他看了一眼滕国公子，用坚定不移的口气说："假若公子能够千方百计地扩展这'四端'，便足以安天下、保四海；假若不能扩展这'四端'，而是让它自行泯灭，那么便连赡养爹娘也做不到，更不用说治理国家了。"

滕国公子恳切地问道："将来我若继承了滕国君位，应该做好哪些事情呢？小子不敏，请夫子明示。"

孟子也为他的诚恳谦恭所感动，他非常认真地屈指列举道："一要选贤任能，二要推行仁政，三要广设学堂，四要奖励耕织，五要抚恤贫弱。"

滕国公子又问："作为一个国君应该防止哪些事情呢？"

孟子简明地答道："流连荒亡！"

"讲得好！讲得好！夫子的每一句话都像响锤一样敲击着我的心弦。我会永记不忘的。今日之会，真是鄙人之福，也是滕国百姓之福啊！"

孟子谦逊道："公子过奖了。"

滕国公子起身告辞："夫子一席话，使小子茅塞大开。真是相见恨晚。可我公务在身，不能作尽兴长谈，则又是一件憾事。他日我会敦请夫子去我滕国，朝夕相见，时时请教，方能足我心愿。"

滕国公子匍匐在地，以弟子之礼拜别孟子。

设譬取喻

　　孟子送走滕国公子，每天仍然是教授学生，接待各国来访的士人君子，当然中心目的是等待宋王偃的召见。但宋王偃整天忙于饮酒游猎，乐此不疲，怎么愿意召来孟子听他一番教训呢？但宋国的大夫们并不都像他们的国君那样耽于酒色，忧国之士还是很有几个的。这不，这位宋国大夫已在孟子的房门外等候好久了。他听到室内孟子正在向弟子讲述《春秋》，不便打扰，就在门口拱手立着。

　　听到室内课已讲完，他便急匆匆地走进去，向孟子深深一揖，朗声说道："在下戴盈之拜见夫子。"

　　戴盈之是宋国有名的大夫，孟子早有耳闻，今天听他一报名，孟子肃然站起，快步

迎上前去，施礼道："久闻先生大名，未曾远迎，失敬！失敬！"

戴盈之惭愧地说："夫子来宋国多日，在下无暇前来拜访，还望夫子勿怪。"

孟子说："戴大人公务繁忙，身不由己，今日屈尊前来，孟轲已感十分荣幸。请大人落座。"

戴盈之并未坐下，看得出他一直在克制着自己焦躁的情绪，此时，他觉得礼节已毕，就迫不及待地说："在下今日前来圣人之门，是为讨教，望夫子能为在下指点迷津。"

孟子说："请戴大人就座直言。"

戴盈之急急地说："在下是宋国执掌财粮的官员，深感宋国财力的不足。而今楚国、秦国都对我们虎视眈眈，无论是对外抗敌，还是对内管理，都需要更多的财力和物力。所以我想先按较高的税率征收一年，然后逐年减少一些，最后再按十分抽一的税率抽税，到那时可能连关卡和商品税都能免除。夫子以为如何？"

孟子朝戴盈之微微一笑，说："戴大人，我听说过这样一个故事，还是你们宋国的事。说是有一个宋国人，经常偷窃邻居家的鸡。有人劝告他说：'这是不正派的行为，你应该改掉这一坏习惯。'他便说：'我知道这样做不对，我正准备改掉它，我打算由现在的每日偷一只，减至每月偷一只，再减至两月一只，直至不偷。'请问戴大人，这个人的做法对不对？"

戴盈之也被这滑稽的故事逗笑了："夫子真是论辩有方，如此想来，我的想法确实太可笑了。盈之明白了。"

孟子想：这戴盈之倒也不是糊涂人，一点即醒，宋国还是有望的。但我还需重锤敲打他一下，于是说："知道这种做法不对，就应该立即停止，为什么要等到明年呢？何况十分抽一的税率已经相当高了，如不赶快减少，黎民百姓怎能吃得消呢？得民心者得天下，一个国家能否立于强国之林，在于能否得到人民的支持。"

戴盈之心悦诚服："夫子所言极是。待在下奏明君侯，立即减低税率。"

二人此时听到门口通报道："先生，戴大人来访。"

孟子瞅着戴盈之一愣。

戴盈之连忙解释道："噢，可能是戴不胜大人。"

孟子说："有请！"

戴不胜四十多岁，洒脱大方，风度翩翩。与孟子、戴盈之寒暄毕，三人便落座交谈。

戴不胜开门见山地说道："想我宋国也是一个历史悠久的国家了，春秋时，襄公也曾争霸中原，而今却每况愈下，日渐衰微。真是让人忧心忡忡，夫子乃当今圣人，能辱临宋国，想必有重振宋国之策。愿夫子能怜悯宋国百姓，助宋国一臂之力。"

孟子感叹说："非孟轲一人所能为也！"

戴不胜若有所悟地说："我们主公忙于国事，一直没能与夫子相见，他也深感遗憾。今日特派鄙人前来讨教。"

孟子似乎是答非所问地说："政者，正也。君王若仁，举国便没有人不仁；君王若义，举国便没有人不义；君王若率之以正，举国上下便没有人不正。"

这一番对话，双方虽未直言，却都心有灵犀，明白了对方的意思。

于是戴不胜诚恳地问道："怎样做才能使君王知礼、行义、成仁呢？"

孟子缓缓而言："假使这里有一位楚国大夫，他希望自己的儿子学会讲齐国话。那么，他应该请齐国人来教呢？还是应该请楚国人来教呢？"

戴不胜毫不迟疑地答道："自然是应该请齐国人来教。"

孟子加重语气说道："一个齐国人教他，却有许多楚国人来打搅他，纵然每天鞭打他，逼着他说齐国话，他也学不好。如果能带他到齐国都城的闹市区里住上几年，然后，即使你鞭打他逼他说楚国话，也办不到了。"

戴不胜恍然大悟，但却非常迟疑地说："夫子的意思是，宋国君王左右缺少贤臣了？"

孟子没有答话，他不动声色，正襟危坐。

戴盈之似乎颇不服气地插言说："在下和不胜大人虽

难说贤能，却也尽心竭力，让宋国朝着国富民强的轨道上发展。况且，我们还有一位薛大人……"

孟子问："戴大人说的可是薛居州？"

戴不胜郑重地说："正是。"

孟子说："孟轲来宋国以后也听人说薛大人是位贤大夫，你们的国君还请他住在宫中。如果宫中的文武大臣都是好人，那么君主伙同何人去做坏事呢？如果宫中的卿大夫多为不贤者，那么君主又伙同何人去做好事呢？一个薛居州的本事再大，又能将君侯怎样呢？"

戴不胜说："寡君已经说了，要实行仁政。"

孟子不禁一笑说："戴大人，我记得孔子说过一段话：'始吾于人也，听其言而信其行；今吾于人也，听其言而观其行'（《论语·公冶长》）戴大人对你们国君是应该'听其言而信其行'呢，还是应该'听其言而观其行'呢？"

戴不胜有点激动地说："当然，对任何人都应该'听其言而观其行'，但我相信我们国君是要真心实意地推行仁政。"

孟子说："我也并不是怀疑你们国君推行仁政的诚意。但是，光说推行仁政是不行的，推行仁政不是一句空话，必须有相应的措施才是。当年唐尧、虞舜的推行仁政是出于自己的本性，顺其自然。到了商汤和周武王是亲身体验，努力推行。到春秋时期的五霸，则是利用

仁政以之谋利，但是，久而久之，弄假成真又有谁能说他们行的不是真正的仁政呢？今贵国君主虽高唱'仁政'，却无任何举动，既不能像商汤、武王哪样身体力行，恐怕也不会像唐尧、虞舜哪样发自本性，甚至不能像春秋五霸去以之谋利。世人又怎能认定他是一个知礼、行义、成仁的国君呢？"

戴不胜和戴盈之羞惭而去。

二戴走后，陈代上前问道："先生，您好像对宋国国君迟迟不召见有些不满吧！"

孟子静静地说："连礼都不懂的人，我还能指责他什么呢！"

陈代说："弟子是一个心直口快的人，有些话说出来，希望先生不要生气。"

孟子说："请直讲无妨。"

陈代直言不讳地说："先生来宋国后，宋王不主动召见，先生为什么不去主动拜见他呢？以弟子看来，这样做似乎太拘于细枝末节。先生是志向远大的人，如今若是主动拜见宋国国君，促使他推行仁政，大则可以统一天下；小则可以富民强国。况且《志》上说：'枉尺而直寻'（弯曲时只有一尺，伸直时就有八尺了），以一尺之失获八尺之得，何乐而不为呢？"

孟子说："陈代啊，你只知其一，不知其二啊。事有巨细之分，得有大小之别。在重要的事情上是不可让步

的。当年齐景公到野外打猎，用有羽毛装饰的旌旗召唤管理猎场的虞人，按照当时的礼仪，旌旗是用来召唤大夫的，而召唤虞人须用皮冠，所以虞人不予理睬。齐景公大怒，派人把虞人抓来，要处以重罚。可是那虞人毫不畏惧，他平静地说：'臣不见皮冠，故不敢进。'齐景公一看自己不占理，就把他放了。孔子也极力赞赏这个虞人的做法。孔子取这个人的哪一点呢？就是取他不是自己应该接收的召唤之礼便坚决不去。志士不忘在沟壑，勇士不忘丧其元。作为一个仁人志士，就应该有为了道义不惜牺牲的精神。如果我不等宋王的召见，便去拜见他，我就连这个虞人也不如了。你所说的以一尺之失获八尺之得，完全是从利的角度而不是从义的角度来理解《志》中的那句话，如果单从利的角度去理解，那么，弯曲的有八尺，伸直的有一尺，也是有利的。"

陈代不好意思地笑了笑，聚精会神地听着。

孟子接着说："从前，赵简子命王良去为他的宠臣奚驾车打猎，一整天连只鸟也没打着。奚便对赵简子说：'王良是个笨蛋驾车人。'这话传到王良耳朵里，他就去找奚对他说：'我希望再给你驾一次车。'奚嫌他笨，就是不同意，王良再三要求，奚勉强同意了。结果一个早晨就打了十只兽，于是奚又对赵简子说：'王良是个很高明的驾车人。'赵简子就说：'那好，从今以后，我就命他专为你驾车。'奚非常高兴，但这回却轮到王良不同意

了。赵简子很不理解。王良就对他说：'我给他依照规矩驾车，他整天打不着一只鸟；我给他违背规矩驾车，他一个早晨却射中十只兽。《诗》云："不失其驰，舍矢如破。"（《诗经·小雅·车攻》）我不习惯为小人驾车。因此这个差事我不能担任。'一个驾车的驭手尚且以同坏的射手合作为耻，我又怎能违心地去追随一个非礼的诸侯呢？你的说法还错在你把宋王的失礼看轻了。我是这样看的：一个自己都不懂礼的人，又怎能推行礼乐教化，使百姓知礼呢？"

在邹绝食

公元前 325 年，孟子已经在宋国住了一年多的时间，宋国国君一直没有召见他。于是，他决定离开宋国。

宋王偃闻讯，知道自己慢待了孟子，后悔莫及。为了弥补过失，他带上黄金百镒，亲自来到孟子下榻的馆舍为孟子送行。他在馆舍门前下了马车，走进庭院，看到孟子的弟子们正收拾行李，打点行装。一个个不但形容端庄，仪表堂堂，而且举止稳健，庄重沉着。远胜于自己那帮钩心斗角的臣子，不觉更加后悔。他负疚地走到孟子面前，红着脸说道："夫子，寡人无暇召见你，没能亲耳聆听你的远见卓识，深感遗憾。今日特备薄礼相赠，请夫子笑纳。"

随从们从马车上取下一个沉甸甸的包裹，

呈至孟子面前。

"多谢君侯一片美意!"孟子深施一礼,没有多说什么,就把包裹接过来,递给了公都子。

宋王偃问:"但不知夫子要到哪国去?"

孟子说:"去楚国。"

宋王偃惭愧地说:"夫子如不嫌弃寡人,多请多留几日,寡人愿陪伴夫子,随时聆听夫子的教诲!"

孟子说:"孟轲只有一言,要正告君侯:不可沽'仁政'之名。这是非常危险的!孟轲去意已决,请君王好自为之吧!"

宋王偃只好懊丧地驾车回去了。

宋王偃刚刚离开,忽见门外又走进一个人。众人定睛看时,乃是滕国公子。他走到孟子面前,深施一礼道:"夫子,我这次去楚国,深切地感受到,只有多读书、多走路,才能领悟到学无止境的奥妙所在,才能懂得天外有天的深刻道理。"

孟子听着他那气喘吁吁的话语,鼓励他道:"公子既然懂得了这些道理,就应放开眼量,开阔胸怀,以天下为己任,治理好滕国,进而平定天下。"

滕国公子长叹一口气道:"但是看到了楚国的强大,我更感受到滕国的弱小。所以眼界开阔了,信心反而减小了。我真不知该如何是好。"

"公子!"孟子说,"滕国确实是一个小国。但是小国

治理好了，照样可以傲立于强国之林。在我看来，公子这次赴楚国，感受颇深，是好事，也是坏事。若看到楚国强大，知道滕国弱小，能急起直追，行仁义，选贤能，奖耕织，济孤弱，滕国的强大便指日可待。若看到楚国强大，知道滕国弱小，而妄自菲薄，不求进取，滕国势必还要日趋衰弱。公子眼下感受颇深是件大好事，正如用药物治疗疾病一样，《书》曰：'若药不瞑眩，厥疾不瘳。'（《尚书·商书·说命》）"

滕国公子道谢说："夫子的话，即是那瞑眩之药，每句话都能切中我的病根。"说完，辞别孟子，取道回国了。

孟子目送他走远，正待起程，忽听宋国大臣交头接耳地说："前不久，鲁国进犯邹国，一直攻进宫廷，杀死邹国文武大臣 33 人。"

孟子心中一震，沉痛地转过身，望着东方沉默良久。猛然，他回过头来一挥手，对弟子们肃然命令道："速返邹国！"

日夜兼程。

邹穆公闻报，火速召见。

孟子带着公孙丑和万章进了宫廷。

邹穆公垂头丧气地歪斜在几案旁，一见孟子进来，就忍不住悲伤地说："夫子，鲁国向我用兵，我们损失惨重啊！"眼泪几乎顺着他那白面馒头般的胖脸流下来。

孟子也深感沉痛："主公，我已听说了。事已至此，悲伤已无用处，重振精神，收拾残局，以求复兴，才是正理。望主公以此为戒，尽心国事，方能避免后患。"

邹穆公痛心地说："寡人失去了33位大夫，这可如何是好，我那可怜的儿子也在其中啊。可是让寡人不能理解的是：黎民百姓竟然眼睁睁地看着鲁国兵将杀掉他们而毫不救援，甚至在一旁幸灾乐祸。想起这些，寡人觉得心如刀绞一般。真想把这些毫无怜悯之心的贼民挨个杀掉，可这样的人又太多了，杀也杀不过来，不杀掉这些人吧，我真咽不下这口恶气。你说寡人该怎么办呢？"

孟子正颜说道："主公，如果你不生气的话，我倒能给你解释一下为什么百姓是这样的态度。"

邹穆公胖脸上显出了一点喜色，急急地说："夫子请讲！"

孟子一针见血地说："这完全是主公和某些大臣自己酿成的灾祸。"

邹穆公惊讶地问道："你这是什么意思？"他大张着嘴，久久不能合拢。

孟子语调低缓而又推心置腹地说："主公想一想吧，荒年饥岁，黎民百姓啼饥号寒，有的背井离乡，四处逃难；有的挨门乞讨，露宿街头。可是，主公你是怎样做的？国库里粮食满仓，财宝盈篚，主公眼睁睁地看着他们忍饥挨饿，受苦受难，却无动于衷，没有开仓放粮，赈济过他们。有的大臣作威作福，横行乡里，敲诈勒索，欺压百姓。黎民百姓视他们如洪水猛兽，恨不能亲手杀死他们。鲁国兵将杀掉他们，百姓们感到是为自己解了心头之恨，高兴还来不及呢，为什么要去救援呢？"

邹穆公的胖脸渐渐有些呆滞，嘴唇也慢慢地合拢来，但失去了血色，抖动着说不出话来。

孟子看到了这些，但他并不改变说话的语调。反而加重语气继续说道："曾子说得好：'戒之戒之！出乎尔者，反乎尔者也。'（当心啊！当心啊！你怎样对待人家，人家就要反过来那样对待你了。）黎民百姓终于得到报复的机会了！'

邹穆公全身的肥肉像筛糠一般地抖动着，孟子的话使他气愤已极。

"若药不瞑眩，厥疾不瘳。"孟子想到这里，继续毫不容情地说："请主公不要去责备那些袖手旁观的黎民百姓，而是应该检查一下自身毛病，想一想如何更好地对待百姓。主公若能从今以后以仁爱之心对待百姓，百姓也会视主公为父母；反之，百姓仍然会把主公看作仇敌。"

邹穆公到底是一个小国之君，并没有太大的器量，孟子的重锤敲击使他恼羞成怒，他努力控制住抖动的厚唇，厉声责问道："孟轲……你，你竟把责任推到我的身上来，你这是目无尊长，你，你心中还把我当成你的主公吗？"

孟子依然平静地说："主公，我是在尽心竭力地为你挽回败局。"

邹穆公高声喝道："你这是为乱民辩护！"

孟子正气凛然地说："无民何以有君？《书》曰：'天听自我民听，天视自我民视。'不顺民心，天都不保佑你。这次教训还不够惨痛吗？"

邹穆公气急败坏："好！孟轲，我说不过你。可是你听着，从今日起，寡人便停止对你的馈赠。"他又对大臣们说："你们听着，从今日起，谁也不准和孟轲交往！"

孟子用力一甩衣袖，伸出双手理了理垂胸的花白胡须，气壮声朗地说道："我孟轲一生正直，仰不愧于天，俯不怍于地。仁义为我伴，忠信是我友。所以不管到了哪里，皆有馈赠。一个邹国不馈赠，又有什么可怕的呢？只是可惜了我的父母之邦，可惜了我们的父老乡亲！"他长叹一声，昂首阔步地走出宫廷，回到了驿馆。

公都子迎着孟子说："先生。午饭已经准备好了，请用饭吧。"

孟子气愤地说道："不吃了！为师我要绝食三日。"

说完，独自一人静坐室内，整整三天滴水未进，任凭学生们怎么劝说，他既不吃，也不喝。他想以此来打动邹穆公的心，激起他对黎民的同情，使他幡然悔悟，迷途知返，及早改弦更张，选贤能，行仁政。

决定去滕

　　孟子绝食三日，气愤不已，带领着学生从邹国都城返回故里学堂，继续教授弟子。

　　早春的一天，晴空万里。孟子独自一人站在学堂庭院中遥望峄山。他看着渐渐变绿的山梁，捧起自己花白的胡须仔细端量，不胜感慨，"草木能够枯了又荣，而人的生命却只有一次。老之将至，却一事无成。"这时，孟子已有 50 岁了。

　　忽然，孟子远远看见一匹快马向学堂奔驰而来，尘土在马的后面升起又消散，就像转瞬即逝的梦。那马来到学堂门口停下，跳下一个使臣模样的人。

　　那人走到孟子面前，深施一礼道："请问先生可是孟夫子？"

　　孟子还礼道："是，我正是孟轲。"

使臣说："在下来自鲁国,受主公差遣,特来召夫子的弟子乐正克先生回鲁国。"

孟子心中一动:"但不知你们主公召乐正克回国做什么?"

使臣解下背上的包裹,取出一块木板,躬身递给孟子道:"这是聘请乐正克先生的公文。"

孟子拆开信封,木牍上是鲁国国君的亲笔信,态度诚恳、言词谦和地请求乐正克回国辅政。

孟子十分兴奋地唤过乐正克:"鲁国请你回去辅政,这是国君给你的邀请书信。"

乐正克接过信函看了看,没有激动万分,反而显得有点茫然无措。他躬身询问孟子:"先生,此去鲁国,应做哪些事情,还望先生教诲!"

孟子看着乐正克,眼光中充满喜悦与信任,他说:"牢记先圣先哲的教诲,努力推行'王道'和'仁政'。要多思,要果断。"声音明朗而又斩钉截铁。

这一夜,孟子高兴得彻夜未眠。公孙丑知道了这件事,就问孟子道:"先生,乐正克是个坚强的人吗?"

孟子摇摇头道:"不是。"

"他很聪明吗?"

"不。"

"他足智多谋吗?"

"不。"

"他见多识广吗？"

"不。"

公孙丑越发迷惑不解，大睁着眼睛问："那么先生为什么一听到他要回到鲁国做官，便高兴得睡不着觉呢？"

孟子说："乐正克最大的长处是，喜欢听取善言。"

公孙丑便问道："喜欢听取善言就能够从政治国吗？"

孟子一听就反问道："那么，你说集思广益好呢，还是面壁独思好呢？"

公孙丑说："当然是集思广益好了。"

孟子就说道："喜欢听取善言，是从政做官所需要的最大美德，有了这种美德，别说治理鲁国就是治理天下也是能够胜任的。常言道：'良药苦口利于病，忠言逆耳利于行。'不管是什么人，或多或少地都会有一些虚荣心，喜欢歌功颂德的多，喜欢指出弊端的少。所谓讳病忌医，就是针对这种人而说的。对于一个国君或者一个重臣来说，他若是喜欢听取善言，人们就能不惧千里之遥从四面八方赶来向他进善言。反之，他若不喜欢听取善言，必将把远见卓识之士拒于千里之外，那么进谗言的小人就会甜言蜜语地极尽其阿谀奉承之能事了。如果成年累月地同这些搬弄是非、挑拨离间的小人在一起，能把国家治理好吗？"

公孙丑不禁点了点头。

孟子送走乐正克以后，激动得数日不能成眠。过了

五六天，他索性命学生套好马车，赶到了鲁国都城——曲阜。他先到孔庙和孔林祭祀过孔子，就找了个驿馆住下了。

鲁平公得知孟子到了鲁国，就想召见他，听听他对鲁国政治的看法。然而，他听了佞臣臧仓的谗言，没有召见孟子。

孟子得知后愤懑地说："臧仓者，小人也，苍天啊，为什么有忠贤的地方就必然有奸佞小人呢？"

公都子说："老师，在弟子看来，就您的才德而论，早应该任大国的相国了，可是至今宏图难展，难道这是天意吗？"

孟子感叹道："是啊，古代的贤人多数都先受磨难然后才得志的。"他顿了一下，接着又自我安慰道："我还缺什么呢？万物皆备于我矣！反躬自问，只要自己以为既忠诚，又踏实，便是最大的快乐。能够坚持不懈地推己及人，去实行忠恕之道，就是达到仁德的最好途径。"

孟子意犹未尽，又感慨道："这就叫作物以类聚，人以群分。一个乡村的优秀人物便与另一个乡村的优秀人物交朋友，一个国家的优秀人物便与另一个国家的优秀人物交朋友。天下的优秀人物便与天下的优秀人物交朋友。如果以为今天的优秀人物还不够，那就应该追溯古代的优秀人物了，吟咏他们的诗研究他们的书，还要了解他们所处的那个时代。这就叫追溯历史，同古人交朋

友。照这样说来，我的朋友已经很多了，一两个君侯不召见我，又有何妨呢！"

这时，孟仲子从门外走了进来，毕恭毕敬地说道："爹爹，滕国公子差太傅然友来访。"

孟子仿佛在漆黑的夜里见到了一丝光明，眼睛一亮，惊喜地说："快快有请！"

然友五十多岁。他见到孟子，慢条斯理地抱拳施礼道："然友见过夫子。"

孟子问："不知太傅有何见教？"

然友悲伤地说："我们主公驾崩了。"

孟子肃然默哀。身后的弟子也都鞠躬哀悼。

然友接着说："公子曾在宋国两次拜见夫子，夫子的教诲，他深感受益。因此丧礼之事，公子特差在下前来向夫子请教。望夫子赐教一二。"

孟子说："贵公子如此厚爱孟轲，孟轲敢不尽力？丧礼是孝道的一个重要方面，是古圣先贤极为重视的，孔夫子说：'生，事之以礼；死，葬之以礼，祭之以礼。'曾子也曾说过：'慎终，追远，民德归厚矣。'公子能不忘圣贤之训，着实可贵。"

然友说："是啊，滕国人也都认为公子仁厚孝悌，将来一定会是一个仁德之君。"

孟子说："诸侯的丧礼有和百姓同者，那就是谨守三年丧礼，吃粗茶淡饭，穿不修边幅的麻布衣服。也有与

百姓不同的……"

孟子就把诸侯丧礼的一些细致的规定一一给然友介绍了一遍。

然友听完施礼道："多谢夫子赐教。"

孟子回头对仲子说："快去把滕更唤来!"

仲子答应一声,去了。孟子问道："然大人,你们主公谥号确定了吗?"

然友答道："主公一生'安民大虑',谥为'定'。"

滕更走到孟子面前躬身问道："先生将弟子唤来,可是为会见太傅?"

然友沉痛地对滕更说："主公驾崩了。"

滕更不胜悲痛,哭泣着向孟子请求："先生,弟子要回滕国奔丧!"

孟子说："滕定公是你的兄长,你回国奔丧是理所当然的。"

然友说："夫子,然友重命在身,恕不能久留,多谢夫子教诲,告辞了。"

孟子送走然友和滕更,心中一直回忆着与滕国公子交往的情景,觉得滕国公子的确是一个虚心好学、仁义忠厚的人。自己的"王道"、"仁政"思想或许能够在滕国得到实践。想到这些孟子的心情渐渐好转了,他走出房间,蓝天白云,天地间一片明亮。他站在驿馆的院中,尽情享受着天地的和谐。

他猛一回头，对弟子们说："回学堂！"

天宇下，车子在广袤的大地上奔驰。"我善养吾浩然之气。其为气也，至大至刚，以直养而无害，则塞于天地之间。"一瞬间，他和天地相接了，内心鼓荡起一股磅礴之气，让他感到了自己的博大与伟岸。他的眼神越发和蔼、充实，他觉得自己能够俯视整个天地，万物都融化在他的胸中。

一天，公都子问道："敢问先生，滕更在这里求学的时候，有许多场合似乎应该给他一定的礼遇，先生却不那样做，这是为什么呢？"

孟子说："你理解错了。君子的教育方法有五种：第一种是像及时雨一样浇灌万物。第二种是千方百计成全其美德。第三种是不遗余力地培养其才能。第四种是绞尽脑汁地回答其疑问。第五种是以其流芳余韵让后人学习。"

公都子跟在孟子的身后，继续问道："一个老师教出来的弟子，有时相差甚远，这是为什么？"

孟子指着面前的桧树说道："高明的木匠，只能把规矩和方法传授给别人，却不能将他的聪明传授给别人。"

仲子凑过来低声说："爹爹，滕国太傅又来了。"

孟子说："有请！"说着便向学堂门口迎去。

然友一走进学堂大门就一揖到地说："在下不才，又来打扰夫子了。"

孟子笑道："太傅光临，孟轲深感荣幸，何谈打扰!"

两人重逢，十分激动，亲热地挽着手步入书房。

然友说："我向夫子请教了治丧礼仪之后，当即回国复命。因为遭到文武卿大夫们的反对，公子拿不定主意特命在下再次来向夫子请教。"

孟子斩钉截铁地说："这件事不能求助于别人。子曰：'君薨，听于冢宰，歠粥，面深墨，即位而哭，百官有司莫敢不哀，先之也。'（《孟子·滕文公上》）在上位的人爱好什么，他的臣属定会爱好得有过之而无不及。君子之德好像风，小人之德好像草，风向哪边吹，草就向哪边倒。这件事行得通或者行不通，全在于公子，用不着求助于别人。"然友心里踏实了，火速回国复命。

滕国公子说："夫子说得对! 这件事应该由我定。"

举行丧礼那天，许多人前来观礼。滕国公子顶住了卿大夫们的反对，从头至尾一一按照孟子教导的礼仪去做，使前来吊唁和观礼的人十分感动，都私下称赞公子知礼。公子大喜，从此，心悦诚服地把孟子尊奉为圣人，每逢有不懂的事情就派人到邹国请教孟子。

一天，孟子在书房读书，公都子从外面急匆匆地走进来说道："先生，滕国公子已经即位为国君，执掌国政了。"

孟子心头又升起了一团治理乱世的火焰，他望着屋外的阳光果断地说："走，我们去滕国!"

教划井田

即位的滕国公子就是《孟子》书中常常提到的滕文公，"滕文公"中的"文"字是他的"谥号"，即他死后给他的封号。

孟子是在公元前 324 年到达滕国的，在驿馆——上宫住下。滕文公听说孟子来到了滕国，便立即赶赴上宫致谢。相见寒暄毕，滕文公诚挚地说："承蒙夫子耐心教导，先君的丧礼料理得很圆满，若无夫子指教，还不知要出多少纰漏呢。"

孟子说："不，公子错了！此事料理得圆满，功在君侯，不在孟轲。"

滕文公说："我知道君子以谦和为贵，但夫子这样说，也太过谦虚了吧！"

孟子说："这绝非谦虚之词，孟轲从来就是这样看待问题的。"

　　滕文公不解地问："寡人分明是按照夫子的教导做的啊!"

　　孟子说："不以绳墨，难以取直木；不以规矩，难以求方圆。这样的道理，人人都懂得。但是就有人不以绳墨取直，不以规矩求方圆。如此，即使你再懂得这道理，这道理再正确，又有什么用处呢？可见，方法再好也得有人去办，才能实现它的好处。君侯之所以能够将先君的丧礼办得周到圆满，使国人满意，是因为君侯不仅知礼，而且能够行礼的缘故啊!孟轲能起多大的作用呢？"

　　滕文公佩服地点点头说："夫子确实有过于常人的思考!"

　　孟子话锋一转："在治理国家上，很多国君也都犯了这样的毛病。像宋王偃，他们明知仁政的巨大作用，也在高呼要行仁政，却不愿真正地去实行。那么，仁政对他们又有什么帮助呢？"

　　滕文公沉思了一会，说："夫子的话，对寡人深有触动，寡人也正在为滕国绞尽脑汁。好，夫子先休息几天，他日我要请夫子到宫中一叙，我要好好向夫子讨教治国方略。"说完，便告辞回宫了。

　　几天后滕文公大宴孟子。滕国虽是小国，物产并不丰饶，但由于对孟子的特殊的尊敬，滕文公还是竭尽全力，把宴会办得十分丰盛，金杯银箸，玉盘珍馐。笙管笛箫，歌诗乐舞，甚是铺张。

酒酣，滕文公长叹一声道："夫子啊！今日之会，可谓盛哉！可寡人不幸，生于战乱之年，为小国之君，我知道，这样的盛宴不会太多了。"

孟子却举起金爵，微微一笑说："君侯何出此言？"

滕文公说："滕国是一弹丸之地，处强齐与大楚之间，两国都志在扩张，滕国形势之险恶，夫子不会不知。"

孟子说："不知君侯有何保国良策？"

滕文公无奈地说："滕国如此之小，我认为应该依附于一个大国，才是万全之计，可是到底是依附齐国呢，还是依附楚国，寡人一直拿不定主意。不知夫子有何见教。"

孟子说："如果君侯寻求什么依附，孟轲实在没有什么可说的。我从来也没有学过什么依附之术。惭愧！惭愧！"

滕文公觉得孟子话里有话，就说："寡人的幼稚之见，或许可笑。夫子有何高见请直告寡人。"

孟子正颜说道："如果君侯一定要我说，我认为只有一个好主意，那就是把护城河挖深，把城墙修筑坚固，教民以礼，民知礼则行义，行义则归仁。有了知礼、行义、归仁的臣属和黎民，国君便什么也不用怕了。"

滕文公问："一旦有敌兵进犯怎么办？"

孟子说："一旦有敌兵进犯，国君只要能够率领臣民

一起守卫城池就行了。国君若果真能这样做，臣民定会奋勇杀敌，誓死保卫城池，宁肯献出自己的生命，也决不会弃城逃走。"

滕文公望着孟子不说话，脸上布满了疑惑。

孟子不容置疑地说："天时不如地利，地利不如人和。以弱胜强，以少胜多的事古已有之。"

滕文公低头沉思，不自觉地摆弄着酒爵。

孟子继续说道："假如有一座比滕国都城更小的城池，设想它的每边长仅有三里，外郭也仅有七里。有强敌围攻，却久攻不克。在长时间的围攻中，一定会碰到合乎天时的战机，为何不能取胜呢？就是因为城高池深，容易坚守，这就是天时不如地利的道理。再假设有人守城，城墙不是不高，护城河也不是不深，兵器不是不锐利，铠甲也不是不坚固，粮食不是不充足。然而敌兵一到，便弃城逃走，这是由于缺乏人和，没有人和，地利是不起作用的。所以说，限制黎民不必用国家的疆界，保卫国家不必靠山川的险阻，威行天下不必凭兵器的锐利。'得道者多助，失道者寡助。寡助之至，亲戚畔之；多助之至，天下顺之。'（《孟子·公孙丑上》）以天下归顺的力量去攻打众叛亲离的人，势必如秋风扫落叶，所向披靡。因此，仁君圣主不战则已，一战必胜。"

滕文公叹息道："夫子说的是一个远大的目标啊！"

孟子说："千里之行，始于足下。君侯只要能够推行

仁政，滕国的强盛也就为期不远了。"

滕文公关切地问："夫子，就滕国而言，眼下最紧要的是什么事情？"

孟子想了片刻，说道："国君眼下要做的主要事情便是关心黎民百姓。《诗》云：'昼尔于茅，宵尔索绹。亟其乘屋，其始播百谷。'（《诗经·豳风·七月》）而今老百姓的状况是：只有具有一定产业收入的人，才具有一定的道德观念和行为准则；不具有一定产业收入的人，就不具有一定的道德观念和行为准则。可是，假如没有一定的道德观念和行为准则去限制和约束人们的行为，有些人就会胡作非为，什么坏事都能做得出来。"

滕文公的心头一震，脸上露出了惧色。

孟子继续严肃地说："等到他们犯了罪以后再加以处罚，就叫不教而诛。不教而诛，无异于陷害。"

滕文公听到此言，一种不安与不快掠过心头。

孟子说："但世上哪有仁爱的国君去陷害黎民百姓的呢？"

滕文公深深地呼出了一口气，又恢复了常态。

孟子字斟句酌地说："因此，贤明的君王一定要行仁政、办实事，以礼对待臣属，节省人、财、物力，特别是征收赋税，必须严格按照规定的税率，万万不可过高，更不能朝令夕改。"

滕文公问："就滕国眼下的形势而言，到底多大的税

率比较适宜呢?"

孟子旁征博引地说:"古代的税率规定大致是:夏代每家 50 亩地而实行贡法,商代每家 70 亩地而实行助法,周代每家 100 亩地而实行彻法。这三个朝代税制的名称虽然不同,其实税率都是十分抽一。'彻'者,通也。意思是在任何情况下,都通盘计算,贯彻十分之一的税率;'助'者,借也。意思是借助黎民百姓来耕种共有的土地。"

滕文公问:"以夫子之见,这三种税制哪一种最好呢?"

孟子说:"古代有一位名叫龙子的贤者说过:'治地莫善于助,莫不善于贡。'因为贡法是集中若干年的收成得到一个定数,不管丰年还是荒年,都要按照这个固定的数字征收。丰年粮食多,多征收一点也算不上是苛暴,却并不多征收;荒年谷物短缺,甚至连第二年的肥田费用都不够,也非要收满那固定的数目不可。国君号称黎民百姓的父母,却使整年辛勤劳作的黎民百姓连爹娘都无法赡养,还得靠借高利贷来凑足田税。这样做的结果,就难免使一些人忍饥挨冻,甚至饿死冻死。置黎民百姓于不顾的君侯,又怎能称得上是黎民百姓的父母呢?《诗》云:'雨我公田,遂及我私。'(《诗经·小雅·大田》)只有助法,才有公田。所以说周朝实行的是助法。"

滕文公问:"以夫子之见,滕国该实行哪种税法呢?"

孟子说："滕国以往是强征暴敛，黎民百姓啼饥号寒。因此应该迅速实行助法。"

滕文公又问："假如寡人能够施行仁政，我待黎民如子女，黎民待我如父母；我丰衣足食，黎民也丰衣足食。然后应该做些什么呢？"

孟子眉心舒展，循循善诱道："黎民百姓都富足了以后，就要办庠、序、学、校，使他们得到良好的教育。'学'是夏、商、周三代对大学的统称，'庠'、'序'、'校'则是三代对地方学堂的不同称呼：夏代叫作'校'，商代叫作'序'，周代叫作'庠'。'庠'是教养的意思；'校'是教导的意思，'序'是陈列的意思。名称、内涵虽不同，目的却是一样的，都是为了使黎民百姓能够明人伦、懂纲常、上下有序、尊卑安分。《诗》云：'周虽旧邦，其命惟新。'(《诗经·大雅·文王》，意思是：周虽然是一个古老的国家，国运却充满着新气象。) 这是赞美文王的诗句。只要君侯能够像文王那样推行仁政，以礼乐教化人民滕国同样也会'其命惟新'的。到那时，四方诸侯都争相效仿，君侯就成了圣王之师了。"

滕文公内心燃起了重振滕国的热望，对未来充满了憧憬与向往，他举起金爵，然后深深地俯下身子向孟子行礼说："寡人愿以弟子之礼事奉夫子，请夫子勿辞！"

这年秋天，滕国五谷丰登，六畜兴旺，黎民百姓踊跃缴纳田赋。滕文公欣喜异常，对孟子更是尊敬有加，

愈发钦佩，时时请教，言听计从。

这年冬天，特别寒冷，滕文公把自己新做的一袭狐裘送给孟子，并赠给各位弟子每人一袭羔裘。

一天，滕文公问孟子道："我曾听夫子说，周公时期实行的是井田制。寡人不才，却也愿效法圣贤。请问夫子，就滕国而言，能否实行井田制？"

孟子说："可以推行。"

滕文公说："请夫子把推行井田制的做法详细讲给寡人听听如何？"

孟子说："国君乃一国之尊，日理万机，不必事事亲自办理。依我之见，此事您差一得力大夫办理就行了。"

滕文公由衷地笑道："好！寡人就命毕爱卿前来向夫子求教。"

第二天一大早，滕国上卿毕战就来到上宫，向孟子请教。毕战50岁左右的样子，穿着雪白的羔裘，戴着宽大的皮弁，彬彬有礼，不苟言笑，一看便知是一个敦厚仁爱、勤于政事的大夫的范本。

毕战一丝不苟地向孟子行礼后，谦逊地说："主公命在下主管划分井田。在下才疏学浅，深感力不从心，望夫子明白指教。"

孟子还礼道："毕大人如此忠诚、勤奋，乃君王之幸、社稷之幸也！"

毕战赶忙说："夫子过奖了。"

　　孟子看着眼前的毕战，颇有感触地说道："举贤才，小人远避之。这一点，君侯已经做到了。减力役，男勤于耕，女勤于织。这一点，君侯也做到了。薄赋税，四方百姓归顺。这一点，君侯也可望做到了。"

　　毕战说："主公的有所作为，有赖于夫子的教导。现在，滕国上下，无不交口称赞主公的任贤和夫子的仁政。夫子的到来和不吝赐教才真正无愧于'滕国之大幸'这一赞语呢！"

　　孟子无限感慨地说："孟轲一生所渴望实现的目标，远不止这些。不过滕国之振兴、发展之象，也足以慰我平生了。"

　　毕战说："滕国实行了井田制后，定会有更大的发展。"

　　孟子说："的确如此，田地是黎民百姓赖以养家糊口的保证，也是君王和卿大夫得以生存的保证。田界划分得不合理，井田的大小就不均匀，百姓的劳逸程度就会不等，就会不满意，有怨言。所以，施行仁政，一定要从划分整理田界入手。困难再大，也应该不辞劳苦地去做。"

　　毕战欠身道："请夫子放心，在下一定会竭尽全力。"

　　孟子接着说："某些国家混乱不堪以至于灭亡，一个重要原因就是田界不明。那些暴虐的君主和贪官污吏千方百计地打乱正确的田界，为的是浑水摸鱼，中饱私囊。

结果使人民痛苦不堪，为国而使人民痛苦不堪，没有不
灭亡的道理。"

　　毕战问道："怎样划分田界才能保证公平呢?"

　　孟子说："滕国虽土地狭小，但也得有官吏和人民，
没有官吏，便没有人管理人民；没有人民，便没有人养
活官吏。我建议郊野用九分抽一的助法，城市用十分抽
一的贡法。公卿以下的官吏一定要有供祭祀的圭田，每
家 50 亩；如果他家还有剩余的劳动力，再给 25 亩土地。
无论埋葬或者搬家，都不离本乡本土。共一井田的各家，
平日出入，互相友爱；防御盗贼，互相帮助；一有疾病，
互相照顾，那么，百姓之间便亲爱和睦了。具体的做法
是：每一方里的土地为一个井田，每一井田有九百亩，
当中一百亩是公有田，周围八百亩分给八家作私有田。
这八家共同来耕种公有田。先把公有田耕种完毕，再来
料理私人的事务，这就是区别官吏和劳动人民的办法。
刚才我说的不过是一个大概，至于具体怎样去安排调度，
那就在于君侯与毕大人了。"

　　毕战真是一个勤于职守的忠良之士，回去后，根据
孟子的教导，研究了滕国土地的实际情况，夜以继日地
铺排打算，雪白的羔裘也被照明的松烟熏成了黑的了，
最终搞出了一个十分恰当可靠的井田计划，并在开春以
前，把井田分到了各家各户。

　　公元前 323 年春，清明节刚到，滕国的黎民百姓就

兴致十足地投入到了劳作之中，合理的田界，使他们有了更大的动力。一场春雨适时而至，滋润着滕国肥沃的土壤，春苗便油然生长起来。

滕更把这些情况告诉了孟子。

孟子激动地说："快套车！我要到乡村去亲眼看一看。"

公都子闻风而动，迅速套好马车。

孟子带领着滕更、万章、公孙丑等弟子出了驿馆大门，登车上路。出了西门，师徒五人兴致勃勃地沿路观看。只见界石醒目，阡陌纵横；水道蜿蜒，田埂分明。田间一片新鲜诱人的葱绿，三三两两的农夫散布在棋格般的井田上，细细地耕作着。春日的朝阳柔和地洒落下来，田野里便腾起如烟似雾的湿气。送给人春天的温润和泥土的香气。

师徒们来到一片无垠的平原上，孟子命公都子勒马停车。他跳下马车，快步走到路边，凝眸远望，不禁抚膺感叹道："贤哉滕文公！"

滕更不解地问："先生，为何实行了井田制，黎民百姓就这般高兴，把土地耕种得如此好呢？"

孟子说："因为实行了井田制，贪官污吏就没有投机取巧、从中作弊的机会了。世上哪里有一个人愿意忍受贪官污吏的盘剥呢？所以我说，只要实行了井田制，田税就合理了。田税合理了，仁政也就开始了。"

这时天空又飘起了毛毛细雨。孟子举目看天，天阴得非常浓。孟子诙谐地说："春雨贵如油。在春苗生长之际天降喜雨，是一个好兆头，看来滕国国君的仁德感动苍天了。"

痛斥陈相

　　滕文公实行井田制，大行仁政，又加上
这年风调雨顺，五谷丰登，所以举国上下称
颂不已，都说滕文公是一个仁德的君主。

　　滕文公心中有数，知道这一切都与孟子
的指点和帮助分不开。因此，对孟子越发尊
敬有加。

　　随着滕文公的名气的增大，周围各国陆
续有人来投奔他。当时人口稀少，哪里人口
多，就证明哪里经济繁荣。近者悦，远者来
既是经济繁荣的象征，也是君王圣明的象征。
滕文公依仗着田赋丰巨，对各国的投奔者，
皆赐予粮食，给予房屋。

　　楚国有一个钻研神农氏学说的人，名字
叫许行，仰慕滕文公的仁德，也从楚国来到
滕国，径直奔赴宫廷拜谒滕文公，畅言直陈

道："我是楚国人，姓许，名行，听说君王行礼教、施仁政。因此，我不远千里前来投奔。我想做君王的百姓，希望君王能够给我一个住所。"

滕文公心花怒放，喜笑颜开地说："欢迎，欢迎，先生的到来，是寡人之幸啊！"当即命臣属为他们安排了房屋，并给了他们很多粮食。

许行的门徒有几十个，都穿着粗麻布的衣服，以打草鞋，编席子维持生计。

不久宋国人陈良的门徒陈相和他的弟弟陈辛身背农具，也来到滕国，受到滕文公很好的接待。一日，他们得知许行为人高洁，便登门拜访。三人一见如故，交谈得十分投机。陈相和陈辛当即拜许行为师，虚心向他求教。

陈相问："先生以为滕文公是位贤明的君主吗？"

许行说："我认为他是一位贤明的君主。不过，他似乎并不十分通达。"

陈相惊奇地问："先生为何这样说？"

许行慢吞吞地解释道："古时候的贤人，只有和农夫一起种庄稼，亲自做饭，才肯吃饭。还要替黎民百姓做事。而滕国呢？既有储粮的仓库，也有存物的仓库，这都是从黎民百姓手中聚敛来的。不劳而获，便是损人利己。一个损人利己的人，怎么能够称得上通达呢？"

陈相被他说糊涂了，同弟弟陈辛一起来向孟子请教。

陈相来到孟子住的驿馆上宫，见到孟子后自我介绍了一番，便把许行的话向孟子转述了一遍。

孟子鄙夷地笑道："许行的信条是：万事不求人。"

陈相说："是的。"

孟子问："许行一定要自己种庄稼，才肯吃饭吗？"

陈相答道："是的。"

"许行一定要自己织布，才肯穿衣服吗？"

"不，他只穿粗麻织成的衣服。"

"他戴帽子吗？"

"戴。"

"他戴的是什么帽子？"

"白绸帽子。"

"是他自己织布做成的吗？"

"不，是用谷米换来的。"

"他为什么不自己织布、自己做帽子呢？"

"因为那样会妨碍耕田种庄稼。"

"他用铁锅做饭吗？"

"用。"

"他也用犁耕田吗？"

"用。"

"那铁锅和犁是他自己亲手做的吗？"

"不，是用谷米换来的。"

孟子说道："农夫用谷米换取做饭用的铁锅及农具，

不能说是损害了铁匠和木匠。那么铁匠和木匠用铁锅和农具换取谷米，能够说是损害了农夫吗？而且许行为何不亲自烧窑炼铁、做成各种物品、器械，贮存在家中，以便随时取用呢？他为什么要一件一件地同各种工匠去交换呢？许行为什么这么不怕麻烦呢？"

陈相答道："那些工匠的活计都是些专门技术，怎么可能一方面耕种，一方面做工呢？那样怎能忙得开呢？"

孟子声色俱厉地说："国君乃一国之尊，担负着国之重任，可谓日理万机，昼夜操劳。难道他们就能够有时间、有精力一边管理国家，一边去亲自耕田、亲自做饭吗？"

陈相不知应该如何回答，只好大张着嘴，听孟子说话了。

"由此可见，世上万物，必须有所分工，国君有国君的重任，卿大夫有卿大夫的使命，农夫专事耕田，工匠专事制作各种器皿。只要是一个人，他就不能不需要各种各样的器皿。如果每样东西都要求他亲自去做才能使用，那实质上就是率领天下人去疲于奔命。所以我说：世上的人们，或劳心，或劳力。劳心者治人，劳力者治于人；治于人者食人，治人者食于人。这是通行天下的道理。"

陈相开始脸红了。

孟子继续滔滔不绝地说："唐尧的时候，天下还没有

安定，洪水为患，四处泛滥。草木疯狂地蔓延，鸟兽成群地为害，谷物当然难以生长，唐尧因此而忧愁，便挑选虞舜率领黎民百姓进行治理。虞舜命令伯益掌管火政，伯益便将山野、沼泽地带的草木用烈火烧掉，使鸟兽逃奔躲藏。后来又经过大禹疏浚九河，治理济水和漯水，引流入海；挖掘汝水和汉水，疏通淮水和泗水，引流入江。华夏大地才能够种庄稼。在那个时候，大禹在外八年，东奔西走，不得安生，三过家门而不入，他纵然想亲自种田、亲自做饭，能够做得到吗？"

陈相有些坐立不安了。

孟子又说："后稷教黎民百姓种庄稼。谷物成熟了，就可以养育黎民百姓。人和鸟兽是不同的，但如果吃饱了，穿暖了住得安逸了，却得不到教育，便与鸟兽差不多了。因此圣人又为此而忧虑，便命契为司徒，主管教育。他教授黎民百姓以纲常伦理，使父子之间有骨肉之亲，君臣之间有礼义之道，夫妻之间有内外之别，老少之间有尊卑之序，朋友之间有诚信之德。尧曾经说过：'劳之来之，匡之直之，辅之翼之，使自得之，又从而振德之。'（督促他们，纠正他们，帮助他们，使他们各得其所，然后加以提携和教诲。）圣人为百姓考虑得如此周到，是需要全身心的投入的，他们哪有闲暇耕地呢？"

陈相心神不宁了。

孟子接着说："尧把得不到舜这样的贤才作为自己的

忧虑，舜把得不到禹和皋陶这样的良士作为自己的忧虑。把自己的田地耕种得不好作为忧虑的，那是农夫。"孟子两眼紧盯着陈相问道："如果尧、舜仅仅去忧虑自己那块地的收成，天下人还能生活得那样太平吗？尧、舜还有资格被称为圣君吗？"

陈相无言以对。

孟子继续说："把钱财分给别人，这叫作'惠'，把有价值的道理教给别人，叫作'忠'，替天下黎民百姓找到杰出人才，叫作'仁'。以我之见，把天下禅让给别人，这不难做到，而替天下人找到杰出人才却是难乎其难的。尧、舜都为此付出了极大的心血。所以孔子才极力地赞美他们说：'大哉尧之为君也！巍巍乎！惟天为大，惟尧则之，荡荡乎，民无能名焉！君哉舜也！巍巍乎有天下而不与焉！'（《论语·泰伯》意思是：尧真是伟大的天子啊！只有天是最伟大的，也只有尧才能效法天。尧的圣德广阔无边啊！竟然使黎民百姓找不出适当的言辞来赞美他！舜也是一个了不起的天子！他那么使人敬服地坐了天下，自己却不享受它、占有它！）像尧、舜这样治理天下，难道不用心思吗？能不用心思吗？只是不用在种庄稼上罢了。"

陈相如坐针毡。

孟子更加提高语调说："我只听说过用华夏的文化去改变四夷的，没听说过用四夷的文化来改变华夏的。陈

良本是楚国人，却喜欢周公和孔子之道，从楚国跑到北方来求教，北方的人居然没能超过他。他真是一位豪杰之士啊！你们兄弟二人向他学习了几十年，不料他一死，你们竟然彻底背叛了他。从前孔子死后，他的弟子为他守孝三年。三年后，各人收拾行李，准备回家。他们走进子贡的住处作揖告别，相对而哭，泣不成声，然后才恋恋不舍地离开了。子贡又回到孔子的墓地，重新筑屋，独自又守了三年墓，才回家了。过了些时候，子贡、子张、子游觉得有若的长相有点像孔子，便想用敬孔子之礼来奉有若。曾子坚决反对，他说：'这不行！我们的老师就像江水、阳光一样洁白光明。我们之中谁也无法和我们的老师相比。'如今许行这个南方蛮子不学无术，说起话来怪腔怪调，公然指责我们祖先的圣王之道！你们两个不去反驳他、攻击他，反而背叛老师，去向他学习，你们的态度和曾子怎能相比？"

孟子越说越激动，他用手指着庭院中喳喳叫的麻雀说："就拿鸟来说吧，我只听说过鸟从深暗的山沟里飞出来迁往高大的乔木的，没听说过避开高大明亮的乔木而飞向深暗的山沟的。《鲁颂》曰：'戎狄是膺，荆舒是惩。'这里所说的'荆舒'就是指今日的楚国。像楚国这样的国家，周公还要惩罚它，而你却向这样国家的人学习。这简直是越变越坏了。"

陈相拿出了他最后的理由，争辩说："如果按照许行的做法去行事，就能够使集市上的东西价格一致，就不会尔虞我诈了。即使小孩到集市上去买东西，也不会有人欺骗他，布匹、丝绸的长短一样，价钱就一样；麻线、丝棉的轻重一样，价钱就一样；谷米的多少一样，价钱就一样；鞋子的大小一样，价钱也就一样。"

孟子讥讽地笑道："你忘记了最重要的一点。同是一样的东西，因为质量不同，它们的价格可以相差一至五倍，甚至十倍百倍、千倍万倍。如果不分精粗优劣，凡是一样的东西，就把价格定得完全一样，那是在鼓励人们投机取巧，只能扰乱天下罢了。就以一双鞋为例吧，不分优劣，硬是把价格定得完全一样，除了傻瓜之外谁会同意呢？由此可见，许行的说法是有意把人们引向虚伪，怎能治理好国家呢？"

陈相尴尬之极，面红耳赤地走了。

褒古贬今

　　孟子把陈相斥责走，缓步走出房门，发现公都子静静地站在门外，便问："公都子，你站在这里干什么？"

　　公都子趋前答道："弟子方才想向先生请教一件事情，走到门口，听到先生正和陈相谈话，就一直在这里等着。"

　　孟子说："你想问什么事情呢？"

　　公都子瓮声瓮气地说："先生，世人都说你擅长辞令，喜欢争辩。先生真的喜欢争辩吗？"

　　孟子深深地吸了一口气，长叹道："哪里是我喜欢争辩，我是不得已而为之啊！当今之现状逼得我不能不辩啊！"

　　公都子恳求道："弟子想知道这其中的根由。"

"好！我便仔仔细细地讲给你听。"孟子一边踱着，一边说。他的嗓音很轻，语调和缓，让公都子感到父亲般的亲切。

"自从有了人类，社会总是太平一时，又混乱一时，交相更替，令人担忧，尧的时候大水横流，到处泛滥整个大地几乎全部成了虫蛇的住所，人们无处安身，低地的人只好在树上搭巢居住，高地上的人也只能挖穴藏身。后来一个圣人出现了，他就是禹。禹疏通河道，把洪水引到大海里，把蛇虫赶到草泽里，害人的鸟兽没有了，人们便能在肥沃的平原上居住了。尧、舜、禹，功绩显赫，是历史上著名的圣明帝王。他们都各自创造了一代太平盛世，理所当然地得到了黎民百姓的爱戴。可是，尧、舜、禹死后，圣人之道逐渐衰微，残暴君主不断出现。他们毁坏民宅做深池，使百姓无处安身；破坏农田做园林，使百姓忍饥挨饿。荒谬的学说、暴虐的政治随之而起，园林、深池、草泽多起来了，飞禽走兽多起来了；农田却少下去了，人民也少下去了。到商纣王的时候天下又一次大乱起来。周公辅佐武王，杀掉纣王，灭掉商朝。又派兵讨伐奄国。大战三年除掉了奄国国君，并把恶臣飞廉赶到海边杀死。当时被灭的国家有 50 个。武王又派人把老虎、豹子、犀牛、大象等害人的野兽赶到远方。天下归顺周武王犹如百川之归大海一样义无反顾而又自然而然。《尚书》上说：'丕显哉，文王谟！丕

承哉，武王烈！佑启我后人，咸以正无缺。'（《尚书·君牙》文王的谋略多么光明！武王的功业多么辉煌！帮助我们，启发我们，使我们长久地发扬优点、克服缺点。）"

孟子把两手倒背在身后，仰起头望着深邃的蓝天，长叹一声说："谁知好景不长。没过多久，太平之世和仁义之道就渐渐衰微了，荒谬之言、残暴之行愈演愈烈。乱臣弑君、逆子杀父，大逆不道的事情接连不断。孔子深感忧虑，就编了一部历史书。"

公都子紧跟在孟子身后，他觉得先生今天很特别，没有面对诸侯时雄辩的气势和高亢的语调，而是像一个年迈的父亲给儿子唠唠叨叨地说家常，这是公都子，也是所有弟子们难得感受到的氛围。公都子从后面看着孟子有些佝偻的身躯，一股股热流从心中泛出，让他不断产生流泪的感觉。但他还是忍住了。

"是《春秋》。"公都子接上孟子的话。

孟子点了点头，没有说话。只是缓缓地向前踱步。他们已经走出上宫好远了。

"写历史就是为了惩恶扬善。这本是天子的职权，孔子为了平定乱世，济世救民，不得已而著史书。所以孔子说：'知我者其惟《春秋》乎！罪我者其惟《春秋》乎！'（后人了解我大概要通过《春秋》这部书了，后人责骂我恐怕也是因为《春秋》这部书了。）"

公都子问："像孔子这样忧国忧民、德昭日月的圣人，难道还会有人责骂他吗？"

孟子说："自有人类以来，就有了忠贤和奸佞之分。忠贤者襟怀坦荡，是非分明；奸佞者心存恶念、朋比为奸。孔子写《春秋》是秉笔直书，不虚美，不隐恶。这样当然会引起奸人佞臣的咒骂。"

公都子说："《春秋》中所写的都是古人，后人为什么要骂孔子呢？"

孟子说："凡是奸佞小人，都是蝇营狗苟，专做亏心之事的。他们的丑言恶行不想让别人知道。《春秋》虽写的是古人，这些人看了却不免对号入座。这就好比丑人，丑人不愿这世界上有镜子，假如有人造出了一面镜子，并且非让这丑人照一照不可，他能不怀恨在心吗？所以后人说：'孔子作《春秋》而乱臣贼子惧。'"

公都子又问："那么正人君子会如何对待《春秋》呢？"

孟子慷慨激昂地说："正人君子光明磊落，当然欢迎如实地写历史。遗憾的是，世道衰微，每况愈下。圣王不再有，诸侯无忌惮，让后人怎样写孔子这段历史呢？"

公都子说："当然是如实地写了。"

孟子惨然一笑，道："人生在世，没有宏誓大愿，就无法努力进取，没有圣贤为楷模，后人又将向谁去学习呢？更令人担忧的是，如今荒唐之言，异端邪说，充斥天下，扰乱人心，杨朱的'为我'自不必说，墨翟的

'兼爱'也着实让人气愤。'杨朱为我，是无君也；墨氏兼爱，是无父也。无父无君，是禽兽也。'（《孟子·滕文公下》）杨朱、墨翟的学说不泯灭，孔子的学说就无法发扬广大。因为荒谬的学说欺骗了黎民百姓，也就阻塞了仁义的道路。仁义的道路被阻塞，人间便失去了仁爱，人与人之间就会因为利益而互相残杀。春秋以来诸侯间无休止的征战和吞并，一再证明了这一点。我为此深感忧虑，便出来保卫古代圣贤的学说，反对杨、墨的谬论。我怎么是好辩呢？我是不得已而为之啊！"

公都子说："弟子明白了。当今之世，异端横起，邪说纷作，先生挺身而出，正是为了抨击异端，驳斥邪说，以正天下人之耳目。"

孟子说："对！我就是要驳斥杨、墨这些目无君主、目无父母的乱臣贼子，消灭其学说，纠正其偏激，以便继承尧、舜、禹、周公、孔子等圣人的伟业。"

公都子品味着他的话，频频点头。

孟子回过头来和蔼地看着公都子说："有些人只知道我善于辩论，却不知道我为何要辩论。不是我喜欢辩论，而是我不能不辩论，像杨朱这样的人，我不同他辩论行吗？杨朱主张为我，拔一毛而利天下，他都不会去做，自私到如此地步我不同他辩论能行吗？"

公都子问："他们能变好吗？"

孟子说："能！当今之世，离开墨翟一派的人，必然归入杨朱一派来；离开杨朱一派的人，必然归入儒家来。"

公都子又问："他们来了怎么办？"

在孟子看来，当时的诸子百家多数是很偏激的，连影响比较大的法家和道家也不例外。他认为，法家急功近利，动辄诉诸严刑峻法，这样的主张可能会夺取政权，但绝不会治理好国家，长久地统治天下；道家则重在体悟虚无的宇宙大道，主张无为而治，没有现实感，短于处理社会问题；只有儒家目标远大，积极进取，以天下为己任。所以孟子听了公都子的话后，坦然一笑说："既来之，则安之！"仍是那种柔和的嗓音，却极为自信而大度。

薛邑受赠

　　公元前320年春，孟子带着弟子们郊游，看到滕国一派国泰民安，蒸蒸日上的景象，十分高兴。但万章却看出来，在孟子的笑容背后始终隐藏着一丝忧郁和不安。

　　万章的观察是非常正确的，滕国的安定发展让孟子真切地感受到了仁政的威力，得到了一个儒者的成就感。但不断传来的各国战争的消息，又使他觉得仅仅满足于治理好一个滕国是一种可怕的懒惰。应该让全天下的人都享受到仁政的温暖。

　　万章轻轻地走到孟子身边，试探着问道："滕君是个仁君吗?"

　　孟子的眼光没有离开远方烟雾腾腾的地平线，说道："当然是个仁君。"

　　万章进一步问道："滕君之仁，足以平天

下吗？"

孟子收回目光，惊奇地看了万章一会，点点头，又摇摇头，说："滕君之仁足以治理方圆百里之国，却不能去平天下。"

万章再进一步问道："为什么？"

孟子喟然长叹道："平天下需要有桑弧蓬矢之志，包容万物之心，高屋建瓴之势，雷霆万钧之力。此四者滕君皆不备也！"

万章又问："先生准备怎么办呢？"

孟子时代，起于春秋时期的兼并战争已经进行了三百多年了。西周初年分封的几百个诸侯国，已革灭殆尽。当时左右整个中原局势的有秦、楚、齐、燕、韩、赵、魏七国，号称"战国七雄"。另有宋、鲁、郑、卫、莒、邹、杞、蔡、郯、任、滕、薛、曾等几个小国。周王国名义上还存在，实际上已经成为一个小国。孟子深知，以邹、滕这样的小国为样本，来证明仁政的威力，说服力还不够强。他想："既然魏国长期以来能够北与强秦对峙，南与大楚抗衡，东与齐国争雄，说明它是一个很有实力的国家。"于是他痛下决心，果断地说："去魏国！"

滕文公听说孟子要带弟子去魏国，急忙赶赴上宫，极力挽留。

孟子执意要走。

滕文公伤感地说："夫子，您是知道的，滕国是个小

国，处在群雄争霸的情势之下，每时每刻都有遭到灭顶之灾的危险。幸而有夫子鼎力相助，滕国渐渐富强了起来。若夫子和弟子们走了，滕国怕又要……"

孟子见他很动情，害怕动摇了自己的决心，就打断他的话说："请君侯记住我的话：天时不如地利，地利不如人和。只要能够继续施礼教、行仁政，使国人一心，众志必能成城。"

滕文公见孟子去意已决，已无劝转的机会，心中便如失珍宝般地痛苦。呆愣了许久，命侍卫将一个木匣呈上，恳切地说："夫子，去魏国路途遥远，恐免不了饥渴劳顿，请夫子多多保重。这是黄金百镒，权充夫子行囊，或许能解路途之困，请夫子笑纳。"

孟子欣然接受道："多谢君侯一片美意。"说完，登车上路。

车队出滕国都城的西门，朝魏国方向奔驰而去。

当晚宿在薛邑。

薛邑，本为薛国，春秋时为齐国所灭。战国时，是齐国著名公子孟尝君的封地。邑宰听说孟子到来，满面春风地出衙署迎接，并盛情款待。第二天临行，又赠予孟子黄金五十镒。

孟子当面谢过，就收下了。

弟子陈臻一路眉头紧锁，若有所思。途中休息的时候，陈臻终于忍不住走到孟子跟前，惶惑地问道："先生，我听师兄们说，从前您在离开齐国的时候，齐威王送给您黄金七十镒，您断然拒绝了。去年冬天，滕文公赠送您一些黄金，您也谢绝了。但是那年在宋国，宋国国君馈赠您的黄金，您却欣然收下了，昨日滕文公送您的黄金您也收下了，今天薛邑宰赠给您的黄金，您又收下了。"他停下来，看了看孟子，直言道："以弟子之见，假如从前的不接受是正确的，那么今日的接受便是错误的；假如从前的不接受是错误的，那么今日的接受就是正确的。我想……先生的做法中，肯定有一种是错误的。"

孟子微笑着拍了拍陈臻的肩膀说："陈臻，你能思考到这样的深度，是值得赞扬的；你能直言不讳，是值得褒奖的。但我对你问题的回答是：我的做法都是正确的。"

陈臻茫然地看着孟子，摇头道："弟子不解。"

孟子解释道："在宋国的时候，我准备远行。对远行的人送上一些盘费，而且说明就是盘费，他送得有理，我受之也是合理的。昨日在滕国，今日在薛邑，送的都是盘费，所以我都收了。至于在齐国的时候，齐威王赠送黄金给我，就没有任何理由。既然没有任何理由，就等于用金钱收买我。难道君子是可以用金钱收买的吗？"

另一个学生彭更问道："先生，以弟子之见，您设教授徒，绝然是对的。但是，带着几百个弟子，乘着几十

辆车,从一国吃到另一国,是不是有点过分呢?"

孟子哈哈一笑道:"怎么,今天你们都来将我的军?"

孟子接着说:"子曰:'学而不思则罔。'你们能够多学,又能多思,这才真是我弟子的样子。"他用食指在地上写了一个"义"字,说:"一种做法是不是正确,要看其是否合乎'义'。如果自己的做法不合乎义,一杯羹也不能接受;如果自己的做法合乎义,整个天下也可以接受。舜接受了尧的天下,因为是合乎义的,所以不能说是过分了;我带领你们行仁义、传礼教、倡王道,纵然车马再多,人员再众,就像是座峨眉山又有什么过分可言。"

彭更因受到孟子的赞扬,说话的胆子壮了起来,他说:"我觉得我们这些读书人,只吃闲饭,不做事情,是不对的。"

孟子板起面孔,一本正经地说:"当今之世,人们所从事的各种职司和行当,皆有分工。人有贤愚之分,亦有大能和小能之别。各人都在施展自己的才能,作出自己的产品,同别人去交换。互相交换,才能互通有无,满足自己和别人的各种需要。如果不互相交换,人们的吃、穿、住、行都会非常不便。农夫手里有多余的粮食,而有些人却不得不挨饿;织女手里有多余的布匹,而有些人却不得不受冻。只有互通有无,进行交换,木匠、车工才能用自己的产品换取布匹、粮食,得到穿的、

吃的。"

弟子们都围拢来，聚精会神地听他讲解。

孟子端详着他们的面孔，一字一顿地说："假如有一个人，在家孝顺父母，出外尊敬长辈，严守古代圣贤的礼法道义，并用这些礼法道义来教育弟子，传授世人，使人们懂仁、行义、知礼、达智，明事理，识廉耻，别尊卑，而他自己却得不到吃的和穿的，这应该吗？"

彭更和弟子们都答道："不应该。"

孟子说："既然不应该，那么你为什么只尊重那些有一技之长的人，而轻视仁义之士呢？"

彭更一时语塞，低头沉思。

孟子接着说："有一技之长的人，能用自己灵巧的双手制作出精美的器具，满足人们的一部分需要。所以我说，或劳心，或劳力。劳心者治人，劳力者治于人。治于人者食人，治人者食于人。"

彭更又说："这两种人的动机是不同的。木匠、车工的动机，本来就是为了谋饭吃，然而，君子严守礼法道义，推行仁政礼教的动机，则不仅是为了谋饭吃。"

孟子说："你为何要论动机呢？别人对你有功绩，你便可以给他饭吃。"彭更说："不！我要看他的动机。"

孟子一笑说："假如这里有一个工匠，他把陶器打碎，在新粉刷的墙壁上乱涂乱画，而他说他的动机是要谋饭吃，那么，你会给他饭吃吗？"

众弟子都捧腹大笑，彭更也笑着说："当然不给他。"

"那么你不是论动机而是论功绩了。"孟子霍然站起身来，仿佛要向天下人表白似地高声说道，"我这一生不辞劳苦，栉风沐雨，东奔西走，就是为了规劝王侯施仁政、行礼教，让大道畅行无阻，实现天下为公。重任如此，即使不耕而食，也是合乎礼义的。"

鲁国人屋庐子一向沉默寡言，很少发问，这时也禁不住问道："怎样做才能使好的动机变成显著的功绩呢？"

孟子轻松自如地笑道："你是指谁而言？"

屋庐子羞涩地低下了头，轻声细气地说："就以诸侯为例如何？"

孟子目光炯炯地盯着弟子们说："不以规矩，难成方圆；不用六律，难定五音。即使有离娄的目力，公输般的技巧，如果不用圆规和曲尺，也不能准确地画出圆形和方形；即使有师旷审音的能力，如果不用六律，也不能准确地校正五音；就是有尧舜之道，如果不行仁义，也不能治理好天下。而今有些诸侯，虽然有仁爱的心肠和仁爱的声誉，也就是说有好的动机，但是黎民百姓却得不到他的恩泽，他的治国之道也不能成为后世的典范，也就是说没有显著的功绩，就是因为他没能实行前代圣王之道的缘故。所以说，只有好的动机，不足以治理国家；只有好的法度，也不足以治理国家。必须把好的动机和好的法度结合起来并付诸实施，才能取得显著的功绩。一切都依照前代圣王的法度去做，就不会出现差错了。"

屋庐子说："时过境迁。难道先王之道可以一成不变吗？"

孟子斩钉截铁地说："对。先王之道是天下为公。这美好的理想，永远不会改变。"

屋庐子又问道："理想可以不变，那治国的具体方法也不能变吗？"

孟子说："只要施仁政、行礼教不变，其他的方法就可以有变化了。不过先王之道是圣贤们寻求了很长时间才得到的。因此，治理国家一定要凭借先王之道。"

屋庐子问："什么样的人可以为诸侯？"

孟子抑扬顿挫地说："只有仁人才能为诸侯。不仁的人为诸侯就会把他的罪恶传播给黎民百姓。周武王当年尽选贤能的人为诸侯，天下便祥和太平。而今是昏庸的人为诸侯，天下便纷争不已。居于上位的没有道德规范，居于下位的就没有法律尺度；国君不相信尺度，违反义理，百姓触犯刑法，国家还能生存的，那就全靠侥幸了。所以说，城墙不坚固，军备不充足，不是国家的灾难；田野没开辟，钱财不充足，也不是国家的灾难。如果居于上位的人没有礼义，居于下位的人得不到教育，以身试法，这才真是国家的灾难，这样的国家离灭亡就不远了。"

重义轻利

　　孟子率领着弟子们连行数日，浩浩荡荡地来到了魏国。战国时期的魏国地处今山东、山西、河南、河北交界一带。因都城在大梁（今河南开封市北），因此又称为梁，当时的国君是梁惠王。

　　大梁的街道十分宽阔、整齐，最引人注目的是，这里的兵器店特别多，满街都是刀、枪、剑、戟和各种质料的盾牌。

　　孟子和弟子们找了个驿馆住下，刚想坐下少憩片刻，忽见一个身材矮小的人出现在门前，面容极为熟悉。孟子急忙拭目辨认，惊呼道："淳于大人！"

　　淳于髡向孟子施礼道："夫子，久违了！"

　　孟子连忙还礼，急切地问道："淳于大人，你因何来魏啊！"

淳于髡长叹一声说："唉！一言难尽啊！"

孟子激动地说："淳于大人，快进屋内叙谈吧！"

淳于髡："魏王要召见夫子。在下是奉魏王之命前来请夫子进宫的。"

这是孟子根本没有想到的事情，禁不住问道："魏王已经知道我来到了？他的消息就这么灵通？"

淳于髡笑道："夫子一进魏国边境，魏王就知道了，夫子被一路'护送'着来到大梁，竟丝毫不知？"

孟子说："魏国真是一个善于防御的国家！既然如此，我就去拜见魏王。"

孟子和淳于髡同乘一辆马车。孟子问："淳于大人，您为何离齐而就魏啊？"

淳于髡叹道："齐国的情形夫子是知道的。齐威王听信邹忌的谗言，先加害于田忌，后加害于我。田忌不得已而出奔楚国，我不得已来到了魏国。唉！小人当道啊！"

孟子怕勾起他的伤心事，急忙转换话题："魏王为人如何？"

淳于髡淡然一笑，避而不答。

孟子对自己在魏国的命运产生了一种不祥的预感。

马车刚到了宫廷门口，里面便响起了热情、柔美的迎宾乐曲。

淳于髡引领着孟子庄重地走进宫廷的大门。

　　梁惠王已年近七旬，头发和胡须全白了。但精神矍铄，目光炯炯。穿着大红色的礼服，笑容可掬地等候在门前，见孟子走近，就从台阶上缓步走下来迎接，一边兴奋地说："欢迎夫子光临敝国，寡人已在此等候多时了。"

　　孟子施礼道："多谢君王厚爱。"

　　这时，迎宾乐曲越发热情奔放。

　　梁惠王伸出右手示意道："夫子请！"

　　孟子礼让道："君王请。"

　　二人便踏着乐曲的节拍分宾主拾级而上，步入宫廷。

　　依次落座后，梁惠王张口问道："夫子，您不辞千里之遥来到我们国家，一定是给我们国家带来很大的利益吧！"

　　孟子听到这话，肃然答道："君王，您为何一开口就讲利益呢？以我之见，只讲仁义就行了。假如君王说：'怎样做才对我的国家有利？'卿大夫也说：'怎样做才对我的封地有利？'那么一般的士人和黎民百姓就会说：'怎样做才对我本人有利？'这样上上下下都追逐私利，国家就会很危险了。"

　　梁惠王的脸色立刻就沉了下来，刚才的热情一下子烟消云散了。

　　孟子看在眼里，不予理睬，接着说："在拥有一万辆兵车的国家里，能够杀掉国君的，一定是拥有一千辆兵

车的卿大夫；在拥有一千辆兵车的国家里，能够杀掉国君的，一定是拥有一百辆兵车的卿大夫。"

梁惠王好像老松树皮似的脸上皱起了疙瘩。

孟子继续说道："在一万乘兵车的国家里，卿大夫拥有一千辆兵车；在一千辆兵车的国家里，卿大夫拥有一百辆兵车。产业不能不说是很多了。但是，重私利，轻公义，那么卿大夫不把国家的产业全部夺去，是不会感到满足的。"

梁惠王感兴趣地问道："以夫子之见，怎么做好呢？"

孟子不假思索地说："君王只要讲仁义就行了。据我所知，在讲仁的人中，从没有一个遗弃他的父母的；在讲义的人中，从没有一个对他的君王不忠的。因此说，君王不用讲利，只要讲仁讲义就行了。"

梁惠王又恢复了常态，心平气和地说："寡人想行义成仁，为我的国家操劳了一生，最终也未达到目的。请问夫子，这是什么原因呢？"

孟子深有体会地说："谋事在人，成事在天。口对于美味，眼对于美色，耳对于乐声，鼻对于香气，手足四肢对于安逸等都是人的天性。但是能够得到与否，却属于命运。因此，只要努力顺从天性，千方百计地去求得达到目的就行了。君王想行义成仁，首先应该用自己的行动感化黎民百姓。"

梁惠王眼睛猛然一亮，诚恳地说道："寡人听说夫子

帮助滕国国君推行仁政，颇有建树。但不知夫子用的什么方法？"

孟子欲扬故抑地说："其实，我只帮滕国国君做了一件事情。"

梁惠王迫不及待地追问道："夫子帮他做了一件什么事情？"

孟子慢悠悠地说道："实行井田制。"

梁惠王不解地问："井田制能有如此大的威力吗？"

孟子说："井田制的最大好处是，减低了税率。减低税率，黎民百姓就会心悦诚服地归顺，安心于耕织。黎民百姓安心于耕织，就容易富足。黎民百姓富足了，国家也就强盛起来了。"

魏国相国白圭问道："请问夫子，就我魏国眼下的情形而言，究竟收取多大的税率为宜呢？"

孟子说："就一般国家而言，十分抽一比较合适。我认为魏国也不例外。尧、舜都是这样做的。我之所以说十分抽一的税率好，是因为我对古今许多国家的税法作过比较。在正常的年景下，抽十分之一的税，除了支付国家各项费用外，还可以有些剩余。遇到灾年歉收时，就用这些剩余部分加以填补减少甚至免收灾民的赋税。"

白圭说："自从我辅佐君王治理国家以来，也可谓尽心竭力了，北修长城，拒秦兵于国门之外；南筑堤坝，阻洪水于边境之上。不是在下夸口，大禹治水也不过如此。"

"你错了!"孟子愤然作色。"大禹治理水患,是顺乎水的本性而行,挖沟渠,疏河道,把水引入海洋之中,所以水患尽除,万民欢悦;而你却用高筑堤坝的方法治理水患。逼迫水逆流而行,以邻为壑,这是有仁爱之心的人最为厌恶和痛恨的!你的做法是大错而特错的,岂可同大禹相提并论呢?"

白圭目瞪口呆。

梁惠王觉得孟子讲得很有道理,羞惭地低下了头。好在一侍卫来到他的身边,窃窃私语了几句,他才慢慢抬起头说道:"夫子,寡人特为你备下酒宴。我们边饮酒,便交谈如何?"

孟子欠身道:"悉听尊便!"

梁惠王扬手下令:"摆宴!"

话音刚落,就响起了宴宾乐曲,轻松欢乐,热情洋溢,使女们在乐曲声中迈着轻盈的细步,上酒布菜,来往如梭。

梁惠王耐心地等着,待使女们将酒菜上齐,梁惠王端起金爵,双手往前一举,向着孟子说道:"夫子请!"

孟子跪起还礼道:"君王请!"

三杯酒落肚,梁惠王情绪大变,指着几案上的山珍海味不停地絮叨着,俨然是一位美食家。

酒过三巡,梁惠王开始有点失态了。他"咕咚"一

声咽下口中的酒，挥手命令道："歌舞伺候！"

琴瑟共奏，钟磬齐鸣。《小雅·鹿鸣》的优雅亲切的乐声缓缓地回荡在梁惠王堆满金玉的宫廷中。

梁惠王是个声色犬马之徒，酒席宴上，两眼只盯着舞女不放，全然忘记了在场的孟夫子。令孟子十分不悦。

梁惠王感到了孟子的不满，斥退了舞乐，对孟子说："夫子，眼下正值春色正浓的季节，寡人明日想去游春，不知您能否赏光与寡人同游。"

孟子欣然说道："我和弟子们刚来贵国，正想游览一下贵国的山川名胜。"

梁惠王笑道："既然夫子和寡人不谋而合，明日我们便一起出游！"

拯救战俘

第二天早晨，孟子率领弟子们来到魏国宫廷门前。

淳于髡把众大臣向孟子一一引见过，梁惠王已经走出宫廷了。

孟子向梁惠王行过相见礼。

梁惠王说："夫子，我们同乘一车如何？"

孟子说："多谢君王！"

车队走出都城约有二十多里路程，来到一片树木茂密的沼泽地带。但见百鸟飞舞，群兽乱鸣。

梁惠王命驭手勒马停车。他下了车，走到水边津津有味地看着逍遥自在的鸟兽。

孟子站在他的身边，既赏春，又猜度着梁惠王此时此刻的心理。

梁惠王突然回过头来，问孟子道："夫

子，有道德的人也享受这样的乐趣吗？"

孟子爽朗地答道："只有有道德的人才能享受这种乐趣；没有道德的人纵然有了这种乐趣，也是无法享受的。"

梁惠王用不解的眼神看着他。

孟子引经据典地说："我就用周文王和夏桀的事来说明吧。《诗》云：'经始灵台，经之营之，庶民攻之，不日成之。经始勿亟，庶民子来。王在灵囿，麀鹿攸伏，麀鹿濯濯，白鸟鹤鹤。王在灵沼，於牣鱼跃。'（《诗·大雅·灵台》意思是：开始筑灵台，经营复经营。众人齐努力，很快便落成。王说不要急，百姓更卖力。王到鹿苑中，母鹿正安逸。母鹿光且肥，白鸟羽毛洁。王到灵沼上，满池鱼跳跃。）这首诗便足以证明，周文王尽管用黎民百姓的力量兴建高台深池，可是黎民百姓不但不怨恨，反而十分高兴，把那个高台称为'灵光'，把那个深池称作'灵沼'还希望台上有禽兽，池中有鱼鳖。这没有什么别的原因，就是因为他能与民同乐，所以便得到了真正的快乐。至于夏桀呢？刚好相反，黎民百姓十分怨恨他，他却自比为太阳，还说：'太阳什么时候消灭，我便什么时候死亡。'《汤誓》中便记载着黎民百姓的怨歌：'时日害丧，予及女偕亡。'（太阳啊！你什么时候消灭呢？我们宁愿跟你一道去死。）作为一个帝王，竟然使黎民百姓怨恨到不愿再活下去的地步，他纵然有高台深池、奇珍异兽，难道能够独自享受吗?"

梁惠王登上一个土丘，指着北方说"夫子，你看!"

孟子顺着他指的方向看去，除了空中的蓝天和地上的平原以外，什么也看不到，只好茫然地等着他的解释。

梁惠王得意地说:"寡人已在位49年了。27年前，为了抵御秦国的侵扰，寡人命人在北疆修筑长城，现已初具规模，那真是气势雄伟啊!夫子若是有兴趣，改日寡人带你和弟子们前去看看如何?"

孟子说:"但凭君王安排便是。"

梁惠王说:"夫子可真是个爽快人啊!"

几日之后，淳于髡满面春风地来到驿馆，对孟子说:"夫子，君王说，他与你有约在先……"

孟子一怔。

淳于髡急忙解释:"夫子不要惊奇。是去北疆看长城之事。"

孟子说:"对，君王是说过要带我去看魏国长城的。"

淳于髡说:"今日便去如何?"

孟子说:"甚好。"

淳于髡说:"君王在宫廷静候，若夫子方便，请即刻动身。"

孟子当即唤来万章、公孙丑、彭更、公都子、屋庐子、陈臻等人，吩咐道:"速去套好五辆车，随我进宫，与君王一起去北疆看长城。"

弟子们听了喜不自禁，争相去套马车。

一切准备停当，孟子带领着弟子们，跟着淳于髡兴冲冲地奔赴宫廷。

梁惠王见了，也十分高兴，请孟子和他同乘一车，带上众多的护卫上路了。

连行数日，来到魏国和秦国的交界处。这里山峦起伏，重峦叠嶂。

马车来到山脚下，眼见无路可走了，驭手不得不勒马停车。

孟子跳下马车，举目仰望山头，果然看到山岭上有一道蜿蜒起伏的石筑长城。

梁惠王兴致勃勃地说："夫子，我等既已至此，便登上山一览长城的雄姿如何?"

孟子说："君王请!"

随身护卫前呼后拥地搀扶着梁惠王，弟子们也七手八脚地扶持着孟子。众人顺着羊肠小道向山顶攀登。马尾松散发着沁人肺腑的香味，映山红显露出耀人眼目的娇艳。百鸟争鸣，万物竞春，各占枝头，各据地势，在春风吹拂下，是那般悠然自得，和谐友好。

孟子看了，感受颇深。他真希望普天之下立即停干戈，息纷争，人人都过上无忧无虑的幸福日子，像这山中的万物那样，自得其安，自得其乐。孟子登上山头，极目望去，只见群山连绵，用石头垒砌成的长城宛若一

条长龙，伏卧在最高处的分水岭上。

梁惠王手舞足蹈地说："好！太好了！有了这道坚不可摧的屏障，寡人就不怕秦国再来侵犯了。"

孟子把来到嘴边的话又咽了回去。

梁惠王从长城的垛口处往下看，尽是悬崖峭壁。他更加兴奋，拍着垛口上的石头说："真乃一夫当关，万夫莫开也！"

孟子再也沉不住气了，说道："君王可知天时不如地利，地利不如人和的道理？"

梁惠王犹如当头挨了一闷棍，怏怏不乐地沿着长城向西边的另一个山头走去了。

长城尚未修完，许多人正在喊着号子抬巨石垒砌。

梁惠王屈指一算，勃然大怒道："修了 27 年了，为何还没修完？"

护卫和随行大夫们面面相觑，没有一个敢回话的。梁惠王指着他们的鼻子尖吼道："寡人在问你们呢！为何都不说话？"

卿大夫们只好装聋作哑，任凭他高声呵斥。

梁惠王无奈，只好闷头继续向前走去。

孟子走到那些修筑长城的人面前一看，大吃一惊。那些人大都骨瘦如柴，一个个蓬头垢面，神情呆滞。最使孟子大惑不解的是，有些人竟然被铁链锁着双脚，或三五个连在一起，或七八个连在一起，垒石要一起垒，

抬石也要一起抬。孟子气得浑身发抖，怒不可遏地问道："君王，这是怎么回事？"

梁惠王正在欣赏对面山上的景致，听到孟子发问，缓缓地回过头来，说："不知夫子指的是什么事？"

孟子指着被铁链锁着的人们说："他们做如此繁重的活计，为何还要用铁链锁着？"

梁惠王哈哈大笑道："他们都是被我国擒获的俘虏，他们曾经杀人放火，掳掠我的人民。落在我手里，我不杀了他们，就是便宜了他们。锁上根铁链也不能算是对他们的残害。"

孟子正颜厉色地说道："仁者，爱人。凡是圣王仁人，都是爱人的。人生天地之间，虽有贤愚、尊卑、贵贱之分，但都应该得到人的生存条件。君王怎可如此对待他们呢？"

梁惠王振振有词地说："他们既是我国的俘虏，就是我国的奴隶。寡人不这样对待他们，难道还要把他们敬如上宾不成？再说，寡人之所以这样做，也是从古人那里学来的。这不也符合夫子的一贯主张吗？"

孟子气愤地说："古人也有贤愚之分。唐尧、虞舜、大禹、文王武王、周公、孔子这些至圣至贤者，是爱人的典范。夏桀、殷纣这些残暴至极者，是黎民百姓的寇仇。爱人者，举国景仰，万民投奔；残暴者，举世唾弃，

众叛亲离。古人云，破腹取胎，麒麟不至其郊；竭泽而渔，蛟龙不处其渊；覆巢破卵，凤凰不翔其邑。这些至理名言，望君王能够仔细品味。"

梁惠王说："我魏国的兵士被别国虏获去，也是落得这般下场，甚或有更悲惨的。"

孟子诚心要拯救这些沦为奴隶的俘虏，知道同梁惠王硬碰硬地舌战于事无补，于是循循善诱道："仁是人的心，义是人的路。仁则荣，不仁则辱；义则兴，不义则衰。得道者多助，失道者寡助。君王万万不可以不仁不义的手段去回击不仁不义的人啊！"

梁惠王问："以夫子之见，寡人应该怎样对待他们呢？"

孟子说："放掉他们，让他们回国，同自己的家人团聚。"

梁惠王摇着头说："不！若是那样做了，世人一定会耻笑寡人的。"

孟子说："若是君王那样做了，世人一定会交口称誉君王的。"

"他们会称赞寡人哪一点？"

"仁慈。"

"此话怎讲？"

"孔子说：'君子成人之美。'君王若能让这些俘虏回国，同他们的亲人团聚，还不是美事一桩吗？既是美事

一桩，谁人能不称赞呢？"

梁惠王揉着太阳穴说："寡人若是生就一副软心肠，治理国家还有希望吗？"

孟子说："君王之言错矣！"

梁惠王问："错在何处？"

孟子说："因为得民心者得天下。"

"寡人愿闻其详。"

孟子觉得火候已到，于是以古比今地说道："从前殷纣王无道，伯夷避开纣王，住在北海边。后来，他听说周文王兴起来了，便说：'何不到他那里去呢？我听说他是乐于赡养老人的。'姜太公也曾避开纣王住在东海边。他听说周文王兴起了，便说：'何不到他那里去呢？我听说他是乐于赡养老人的。'伯夷和姜太公两位老人，是当时天下最有声望的人。他们那么心悦诚服地归于周文王，就等于天下的父亲归于周文王了。天下的父亲归于周文王了，他们的儿子还能到哪里去呢？因此，君王若想使魏国强盛，以致最后统一天下，就要放弃暴政，推行仁政。只要能实行周文王那样的仁政，别说治理魏国，就是治理天下，最多七年，也就可以治理好了。"

梁惠王激动地说："寡人这一生好坎坷呀！魏国的强大，曾经是无人能比的。这一点寡人不说，夫子也是知道的。可是到了我的手里，东边和齐国打了一仗，大败而归，我的大将庞涓中孙膑之计而战死，就连我的大儿

子也在这次战役中成了俘虏，被残害致死了；西边和秦国打了一仗，兵败而丧失河西之地七百余里；南边又屈从于楚国，被抢去了八个城池。"他在原地转了一个圈，咬牙切齿地说："这些实在是寡人的奇耻大辱。我不在这些俘虏身上发泄怨恨，又有什么办法呢？"

孟子平心静气地说："所谓冤有头，债有主。使君王蒙受奇耻大辱的，是齐国、秦国、楚国的国君，与这些俘虏何干？他们抛家舍业，在战场上卖命，又何尝不是受害者呢？"

梁惠王说："夫子莫非是想劝寡人放掉这些俘虏？"

孟子说："君王说对了，我正是要劝君王放掉他们，一是觉得他们落到这步田地太可怜了，二是为君王着想……"

"为寡人着想？"

"君王不是希望魏国强大吗？"

"不错，这是寡人梦寐以求的事情。"

"那么，君王以为怎样才能使魏国强盛呢？"

梁惠王伤感地说："寡人寻求了一生，也未找到好的途径。还是请夫子明教吧！"

孟子说："国家不论大小，只要能够实行仁政，就可以使百姓归顺。君王若能够诚心诚意地行仁政、减赋税、免刑戮，黎民百姓便会男耕女织，丰衣足食。然后再广设学堂，教黎民百姓懂忠义、识廉耻，在家孝顺父母，敬爱兄长，出门忠于君王，诚信待友。如果真的能够做到这一步，别说齐国、秦国和楚国不敢进犯魏国，一旦进犯，魏国的黎民百姓就会戮力同心，共赴国难。百姓若能如此同心同德，即使手持木棍也可以击溃齐国、秦国和楚国的坚甲利兵了。"

梁惠王听得懵里懵懂，摇头道："寡人还是不懂。"

孟子进一步说："据我所知，当今之所谓强国，无时不在外征兵征工，使许多农夫贻误了农时，齐国、秦国和楚国也不例外。置黎民百姓于不顾的君王，是不堪一击的。圣人云：'仁者无敌。'不知君王听说过没有？"

梁惠王说："听说过。"

孟子长舒一口气道："那么君王就不要再怀疑我的话了。"

梁惠王蹙额叹息道："其实我对国家，可谓殚精竭虑了。河西如果遭到了饥荒，我便把那里的一部分黎民迁到河东。同时，还把河东的一部分粮食运到河西。如果河东遇到了饥荒，我也如此办理。我看到，其他各国的国君没有一个像我这样用心的。可是那些国家的黎民并没有因此而减少，我的百姓也并没有因此而增多。请问夫子，这是什么原因？"

孟子低头沉思了片刻，猛然抬起头说道："君王喜欢战争，我便用战争来打个比方吧。战鼓咚咚一响，刀枪剑戟一接触，胆小的士兵丢下兵器就跑，有的跑了一百

步停住脚，有的跑了五十步停住脚。那么，跑五十步的笑话跑一百步的可以不可以？"

梁惠王知道孟子的话里有话，但还是忍不住笑了起来："不可，不可，他只不过没有跑到一百步而已，但仍然属于临阵脱逃啊！"

孟子因势利导："君王既然懂得这个道理，也就能够悟透魏国黎民百姓为何不比别的国家多了。"

梁惠王说："夫子是说我并不比别国国君强多少，是吗？"

孟子笑了笑，并没有直接回答他的话，继续说："如果君王不在农忙季节去征兵征工，那么粮食也就多得吃不尽了；如果不用细密的渔网去捕鱼，那么鱼虾也会多得吃不尽了；如果有时有刻地去山林砍伐树木，木材便会多得用不完了。粮食和鱼虾吃不尽，木材用不完，那么黎民百姓的生老病死便有了保障。在五亩大的宅院里种植桑树，五十岁以上的老人就可以穿上丝棉袄了。家家户户都有饲料去喂养鸡豚狗彘，七十岁以上的老人就可以有肉吃了。一个有百亩土地的家庭，只要不妨碍他们按时种田，这一家人就可以过上温饱的日子了。黎民百姓丰衣足食，就是仁政的开端。然后，广设学堂，用五常之教训导世人，人人都会尊老敬贤，老年人也就用不着为吃穿而操劳、奔走了。要是老有所安，幼有所教，黎民百姓丰衣足食，还不能统一天下，那是不可能的。"

梁惠王觉得这一次孟子真说到他的心坎里去了，统一天下，做真正的"王"，这是他做梦都想的事。他听得如痴如醉，不觉问了一句："真会这样吗？"

孟子看了梁惠王一眼，又用凌厉的目光扫了一遍梁惠王身边的卿大夫们，接着说："而今的情形恰恰相反。富贵人家的猪狗吃着百姓都吃不上的粮食，没有人加以制止，饿殍遍野，也不开仓放粮赈济他们。黎民百姓饿死了，竟说：'这不是我的过错，而是年景不好的缘故。'这种说法，和拿着刀枪杀了人，然后说'这不是我杀的，是刀枪杀的'又有什么区别呢？"

他停了许久，又说道："君王若能不再怨天尤人，脚踏实地地推行仁政，何愁邻国的百姓不来投奔呢？"

梁惠王不得不服气地说："夫子说得很有道理，寡人虽然愚钝，也要照夫子说的试一试。"

"那么君王就从这些俘虏身上开始实行你的仁政吧！"

舌战白圭

　　孟子在魏国住了半年多，转眼又到了秋天。恰巧这年魏国风调雨顺，五谷丰登。梁惠王兴奋不已，特意抽出一天的时间带着相国白圭赶赴驿馆探望孟子。一见面，梁惠王便对孟子说："夫子一番话，使魏国得到一个丰收年，夫子真所谓'一言兴邦'之人啊！寡人愿继续聆听夫子的教诲。请问夫子，在这种情形下，寡人应该做些什么事情才对呢？"

　　孟子像相面先生一样端详着梁惠王，他为梁惠王的洋洋得意感到奇怪，他喃喃地说道："君王，请问……"

　　梁惠王仍然兴致勃勃，他高声说道："哎呀！夫子是个爽快人，今日为何变得吞吞吐吐了呢？"

　　孟子一笑直言问道："请问君王，用木棒打死人和用刀子杀死人有什么不同没有？"

　　梁惠王还没有从他的圣君的感觉中走出来，他不屑地说："夫子真会说笑话，这都是在杀人，能有什么不同呢？"

　　孟子又问道："那么，君王以为用刀子杀死人和用政事杀死人有什么不同没有？"

　　梁惠王激动的心还没有平静下来，他顺口就说："也没有什么不同啊！"

　　说完之后，梁惠王有些警觉，他为自己的回答感到后悔，他知道孟子又要批评他了，他心里有点不高兴，他今天来孟子这里本想得到孟子赞赏，从而过足圣君的瘾。没想到孟子还是绕着弯儿地让他上了圈套。

　　果然，孟子变得慷慨激昂起来了，他说："君王不是说今年是个丰收年吗？那么就应该千方百计地让黎民百姓过上丰衣足食的幸福日子。而事实恰恰相反：眼下君王的厨房里有肥肉，厩房里有壮马，而黎民百姓却面有饥色，野地里却满是饿死的尸体。这实际上就是在率领着禽兽来吃人。野兽自相残杀，人们尚且厌恶，而号称百姓父母的君王，却免不了率领野兽来吃人，又怎能称得上是黎民百姓的父母呢？孔子曾经说过：'始作俑者，其无后乎？'孔子为何如此痛恨制作木偶、土偶的人呢？就是因为木偶和土偶是人形。用像人形的木偶和土偶来

殉葬尚且不可，又怎可让黎民百姓活活地被饿死呢？"

梁惠王一副窘态，满脸不悦，悻然问道："以夫子之见，寡人应该怎样做呢？"

孟子果断地说："奖耕织、减赋税、免劳役、办教育、罢征战。"

白圭插话道："如果把税率由过去的十分抽二改为二十分抽一，夫子以为如何？"

孟子说："白大人的想法，乃是貉国的做法。"他停顿了片刻，反问道："请问白大人，在一个有万户人家的国家里，只有一个人制造陶器，能行吗？"

"不行。"

"为什么？"

"因为那样陶器就不够用了。"

"白大人只要明白这个道理就行了。"

"在下不懂夫子的意思。"

孟子说："貉国是北方的一个小国，其他谷物都不长，只生长黍子。那里又没有城墙、房屋、祖庙和祭祀礼节，也没有同别国的交往和馈赠，也没有衙署和官吏。所以按照二十抽一的税率抽税，就足够国家使用的了。可是在魏国和中原各国就不同了。这里不能没有纲纪、伦常、衙署、官吏和城池。作陶器的人太少尚且不行，一个国家怎能赋税太低呢？"

白圭感到莫名其妙，问道："夫子刚刚讲过要减赋

税，转眼间为何又嫌我的税率低了呢？"

梁惠王也问："是啊，这是什么原因呢？"

孟子说："凡事都有个度。税率太高，黎民百姓承担不了；税率太低国家将入不敷出。税率太高了是桀纣的做法，税率太低了就是貉国的做法了。就一般国家而言，十分抽一比较好。唐尧、虞舜都是这样做的。"

曲高和寡

　　万章问孟子道："先生，弟子听人说，白相国为官清廉，从不营私舞弊，中饱私囊。难道他不是一个好大夫吗？"

　　孟子说："说话不能如此简单。据我所知，白相国确实为官清廉。但是，作为魏国这样一个大国的相国，他做得远远不够。也就是说，他和而今的许多卿大夫相差无几。"

　　万章请求道："请先生讲详细一点如何？"

　　孟子说："如今有许多辅佐君王的卿大夫皆以攻城略地和横征暴敛为能事，有的卿大夫说：'我能替君王开拓土地，充实府库。'也有的卿大夫说：'我能替君王邀结盟国，每战必定胜利。'其实这不但无功，反而是在残害黎民百姓。作为一个好的卿大夫，最首要的事情便是规劝君王施行仁义。若不能使君王向往道德，倾心仁义，而是一味地帮他占有更多的土地和财富，就等于在帮助夏桀。"

陈臻问道："古代的君子怎样做官呢？"

孟子说："古代君子就职的情况有三种，离职的情况也有三种。其一是，礼貌而恭敬地来迎接，对他言听计从，便就职；礼遇未减但不听从其言论了，便离职。其二是，虽然不打算实行其言论，却能够礼貌而恭敬地来迎接，便就职；一旦礼貌也衰减了，便离职。其三是，缺吃少穿，君王为了接济他而给予官职，也可就职，这只是为了混口饭吃，免于死亡罢了；但是，君王若逼迫他做不仁不义的事情，便离职，决不会为了混口饭吃而伤仁害义。"

陈臻说："先生乃天上麒麟，马中骐骥，人中豪杰，有经天纬地之才。然而始终不为各国君侯所用，原因何在呢？"

这句话像重锤一样敲在了孟子的心扉上，把他引回到了青年时期。曾玄临终时的那句话又在他耳边回响起来，"……孟轲，你有一个致命的弱点……"他低头苦思了许久，感叹道："此乃时也命也。也许这是苍天的安排吧！虞舜、傅说、胶鬲、管夷吾、孙叔敖、百里奚这些人，或耕田，或晒盐，或为工匠，或为商贾。起初皆鲜为人知，及至被重用以后，都成就了一番事业。也许这就是天意吧！因此说，'天将降大任于斯人也，必先苦其

心志，劳其筋骨，饿其体肤，空乏其身，行拂乱其所为，所以动心忍性，曾益其所不能。'（《孟子·告子下》）一个人，只有知错改错，才能吃一堑，长一智；只有心意困苦，才能发愤图强，有所成就。"

陈臻说："曲高和寡。先生之所以不被各国国君所重用，是不是因为您老境界过高、所追求的目标太大的缘故？"

曾玄的话又在耳边响起……孟轲，你有一个致命的弱点……他暗自思忖："我的致命弱点是什么？是锋芒毕露，好为人师？还是至明至察，招人嫉妒？"

陈臻耐心等待着孟子的回答，但孟子许久没有说话，于是又说道："先生据弟子考察，凡是有忠臣贤人的国家，必有奸佞小人。而且在忠奸之争中往往是以忠臣贤人惨遭迫害而告终。这是什么缘故呢？"

孟子凝思片刻，答道："大凡忠臣贤人，都是襟怀坦荡，光明磊落的人。他们往往以自己的忠肝义胆去待人处事；奸佞小人则往往擅长投机钻营，诡黠巧诈。君子可欺以方，小人以貌似正直的方法去欺骗正直的人，往往得手。更加上当今君王不昏即聩，偏听偏信，不辨真伪，所以忠贤之人反倒常遭陷害。这正是吾辈所深恶而痛绝之的。"

依义行事

公元前 319 年，梁惠王去世，他的次子，名叫嗣，继承了王位。这就是梁襄王。

孟子一向对梁襄王的看法不好，因为这人为人轻薄，不庄重，在群臣中很缺乏威信。但是，孟子还是在他即位之后拜见了他。

孟子进入宫廷的时候，梁襄王正和一群宫女嬉闹，好一会才停下来，挥手让宫女们退下。然后歪歪斜斜地坐在座位上，东瞧西看，不知该问孟子什么话好。嘴里哼了哼，突然开口问道："夫子，天下怎么样才能安定下来？"

孟子答道："天下统一了，就会安定下来。"

梁襄王又问："那么，谁能够统一天

下呢?"

孟子说:"不好杀人的国君能够统一天下。"

梁襄王啧啧称奇,问道:"谁能跟随他、帮助他统一天下呢?"

孟子回答说:"天下人没有不跟随他、帮助他的。君王知道禾苗生长的情况吧!七、八月间,若是长期不下雨,禾苗自然枯槁了。一阵乌云出现,哗啦哗啦地下起大雨来,禾苗便又猛然茂盛地长高起来。雨露滋润,禾苗生长,这是谁也无法阻挡的力量。现在各国国君,没有一个不好杀人,如果有一个不好杀人的君王出现,天下的老百姓都会伸长脖子期待他的解救。果真这样,百姓们归附于他,跟随着他,就像水向下流那样自然而有力,这种力量有谁能阻挡得住呢?"

梁襄王似懂非懂,茫然地睁着大眼点了点头。

孟子告辞出来,立即决定:尽快离开魏国。

师徒们走出魏国都城大约二十多里路程,遇见一位五十七八岁的老人,高身材,四方脸,葛巾野服,青鞋布袜。孟子心头一怔。

只见那人笑嘻嘻地迎了上来,深施一礼道:"敢问先生可是孟夫子?"

孟子命公都子勒马停车,下车还礼道:"在下正是邹国孟轲。敢问先生尊姓大名?"

那人道:"在下姓景,名春。"

　　孟子说:"孟轲久闻先生能言善辩之名,知先生有合纵连横之才。"

　　景春说:"惭愧,惭愧。尽管在下终年在外奔波,却收效甚微。今日见到夫子,倒是委实有点惭凫企鹤之感了。"

　　孟子问:"先生意欲何往?"

　　景春说:"在下听说夫子从魏国回邹国,是特意在这里等候夫子的。"

　　"未知先生有何见教?"

　　"在下有一事不明。"

　　"先生请讲。"

　　"像我们这些纵横之士,能称得上大丈夫吗?"

　　孟子摇了摇头。

　　景春又问:"难道说连公孙衍、张仪也称不起大丈夫吗?"

　　孟子点了点头。

　　景春有些沉不住气了,他着急地说:"公孙衍和张仪的名气,想必夫子是知道的。"

　　孟子不动声色地说:"知道。"

　　景春骄傲地说:"这些人物一发脾气,连诸侯们都害怕,他们只要安静下来,天下便无事了。这样的人物不是大丈夫,什么样的人才算是大丈夫呢?"

　　孟子淡然一笑道:"这样的人怎么就能称之为大丈

夫呢？"

景春不解地瞪大了眼睛。

孟子盯着他的眸子说："你学过礼吗？男子举行加冠礼的时候，父亲给予训导；女子出嫁的时候，母亲给予训导。以顺从为大者，是女子之道。至于男子，就全然不同了：'居天下之广居，立天下之正位，行天下之大道；得志，与民由之；不得志，独行其道。富贵不能淫，贫贱不能移，威武不能屈，此之谓大丈夫。'（《孟子·滕文公下》)"

景春不得不服气地说："夫子不愧是当今之圣人，凡事都有自己独到的见解。"

孟子辞别景春，带领弟子们重新上路。这时，从对面走过一个六十多岁的人来，身材魁梧，须眉皆白，宽衫大袖，衣冠楚楚。

那人见到孟子，慌忙趋前施礼道："在下宋牼见过夫子。"

孟子笑声朗朗地还礼道："失敬，失敬。胆大心细，才智过人，每每折服各国君王。未知今欲何往？"

宋牼说："在下听说楚国和秦国又要交兵，我准备去劝楚王罢兵。如果楚王不听我的规劝，我就去劝说秦王。据我的经验，在两个国君间，我总能说服一个。"

孟子说："据我所知，楚王和秦王都是当今的好战君王，若想劝他们罢兵，并不是一件易事。我不想了解得

太细，只想知道你大致的想法，请问，你准备怎样向他们进言呢？"

宋牼说："我说话的中心将是：作战是不利的。"

孟子认真地对他说："先生的用意是好的，先生的提法是不恰当的。你如果用有利与不利来劝说秦王和楚王，秦王和楚王就会因有利而交战，因不利而罢兵。做君王的若以利行事，做臣属的要以利服侍君王，做儿子的要以利服侍父亲，做弟弟的要以利服侍兄长，将使君臣之间、父子之间、兄弟之间、丧失仁义。以利行事，丧失仁义，久而久之，国家就要灭亡了。若是先生能够用仁义向秦王和楚王进言，秦王和楚王就会因看到交战是不义的而罢兵。这样的罢兵才是永远的罢兵。做君王的若以仁义行事，做臣属的若以仁义服侍君王，做儿子的若以仁义服侍父亲，做弟弟的若以仁义服侍兄长，将使君臣之间，父子之间，兄弟之间以仁义来相对待。若果真能够处处以仁义行事，天下定将以德政统一。先生何必要谈利呢？"

宋牼谦逊地说："所谓听君一席话，胜读十年书。今日和先生一交谈，我才真正领会了这句话的深刻含意。"

孟子带领着弟子们从魏国路经平陆邑。平陆在春秋时期称作中都，孔子曾在这里任过邑宰。这时的邑宰是孔距心。他闻讯后，急忙赶到西门外迎接。等到孟子的马车来到城门前，他深施一礼道："欢迎夫子光临敝邑。"

　　孟子跳下马车，将他打量了一番，还礼道："敢问先生尊姓大名?"

　　孔距心说："在下姓孔，名距心。听说夫子带领弟子们来到敝邑，特意来这里恭候大驾。"

　　孟子拱手施礼道："多谢了!"

　　孔距心当即把孟子师徒领进驿馆。安置停当后，孔距心恭谨地对孟子说："在下不才，做了邑宰，却不能将平陆治理好，深感内疚。夫子良知良能，乃盖世之才，望不吝赐教。"

　　平陆距离邹国只有一百多里路，孟子对这里的情况了如指掌，便一针见血地问："假如你的兵士一天三次失职，你是否要革除他呢?"

　　孔距心说："不必等到三次我就革除他了。"

　　孟子直言不讳地说："据我所知，你自己失职的地方也是很多的。灾荒年景，你的百姓饿死荒郊的和逃荒要饭的，已经超过一千人了。"

　　孔距心痛心疾首地说："对此，我十分悲伤和苦恼。但是，我几乎什么办法都想到了，至今也没能使他们富足起来。"

　　孟子说："假如有一个人替别人放牧牛羊，却找不到牧场和草料，那么他应该把牛羊归还主人呢? 还是站在那里眼睁睁地看着那些牛羊一个个死去呢?"

　　孔距心豁然省悟道："我明白了。原来这全是我的罪过。"

适齐论政

　　终于回到了家乡，院里的老槐树更加苍老遒劲。槐树下，站着白发苍苍的老母亲，身形佝偻了，腿脚不便了，眼睛浑浊了，但那慈爱的目光永远不会改变。孟子望着母亲，泪珠潸然而下，紧走两步，来到母亲跟前，抓住母亲双手，跪倒膝下，百感交集地喊了一声"娘！"

　　孟母端详着孟子饱经风霜的面孔，语重心长地说："儿啊，大丈夫志在四方，自古而然。你这多半辈子教化弟子，训导君王，颇有建树。非但你应该感到自豪，就是为娘我也觉得光彩。人生在世，最难得的就是有所建树。你既然有如此建树……"说完缓缓地弯下腰，轻轻地把儿子拉起来。

　　孟子双手抚着母亲的胳膊，凝视着母亲，

长叹道："娘，儿子生不逢时啊！如今各国君王穷兵黩武的多，崇尚仁义的少。长此以往，只怕百姓们会陷入更深重的苦难中！"

孟仲子从门外急匆匆地走进来，兴奋地说："爹，淳于大人来了。"

孟子惊喜地问："在哪里？"

仲子说："在学堂。"

孟子对母亲说："娘，淳于大人是一位严气正性、直道而行的君子。他从魏国来到邹国，必定有事找我。"

孟母说："你快去学堂见他吧！"

孟子到了学堂，只见淳于髡板着面孔站在院中，急忙施礼道："淳于大人别来无恙？"

淳于髡还礼道："如果说有恙的话，那就是思你成疾啊！夫子，你一路可好？"

孟子哈哈大笑道："淳于大人还是那样幽默诙谐，总是让人忍俊不禁。"

淳于髡道："你不要笑得太早，我还要兴师问罪呢！夫子离开魏国的时候为什么不对在下说一声啊？"

孟子歉疚地说："都怪我走得仓促，还望大人见谅。"

淳于髡说："夫子为何走得那般匆忙？"

孟子只叹气，不作答。

淳于髡爽朗地笑道："夫子不说，在下也能猜得出来。"

孟子一怔，但他马上信服地点了点头。他知道淳于髡聪明绝顶，善解隐语，也善用隐语。果然淳于髡眯着细小的眼睛，颇为自负地道出一句隐语："不栽梧桐树，怎引凤凰来！"

孟子也会心地微笑了。

淳于髡背着手在原地转了几圈，矮小的身材加上这样庄重的神态显得更加滑稽。他抬起头，作出诡秘的笑意，对孟子说："在下这次来，就是想告诉夫子一个栽满了梧桐树的地方。"

孟子蹙额道："如今天下荒芜，狂草蔓延，岂有梧桐树生长的地方。"

淳于髡说："天地之大，不能说就没有一块净土，夫子不要太悲观了！"

孟子眼光中露出一线希望，他俯下身来，盯着淳于髡的眼睛问："莫非足下已有主意了？那一定是齐国发生了什么变化？"

淳于髡佩服地一揖到地，连声赞叹道："夫子不愧当今圣人也！"

孟子弯腰拉起淳于髡，说："淳于大人，我们去屋内坐下慢慢谈。"

刚刚坐定，淳于髡就急急地说："齐国公子辟疆现在已经即位了。他为人十分通达，知礼仪，懂事理。他既已即位必能举贤能，奖耕织，千方百计地使齐国强盛起

来。在下准备即可动身返回齐国，不遗余力地辅佐他治理好齐国。"

孟子问："大人难道不怕邹忌妒恨吗？"

淳于髡恨恨地说："他已经死了！"

孟子果断地说："既如此，我便随淳于大人一起去齐国。"

淳于髡慌忙站起来走到孟子面前，抓起孟子的左手一击，大笑道："在下不虚此行！"

孟子回家辞别了母亲和妻子，就带领弟子们赶赴齐国去了。

辟疆，是齐威王的儿子，谥号为"宣"，故史称齐宣王。他听说淳于髡从魏国返回了齐国，而且把孟子师徒也带到了齐国，喜不自胜。立即把淳于髡宣进宫中，恢复其上卿的爵位。随后，就亲自来到齐都客栈拜见孟子。

齐宣王果然礼贤下士，他以弟子之礼拜见孟子。并尽己之力，把孟子一行的生活安排得非常妥帖、周到。

一次，齐宣王邀请孟子到宫廷叙谈。齐宣王非常崇尚"春秋五霸"的功业，于是他请求孟子道："夫子，齐桓公和晋文公曾经在春秋时期称霸一时。您把他们的事迹讲给寡人听听好吗？"

孟子思忖再三说道："孔子的弟子们从来不谈齐桓公和晋文公的事迹，所以他们的事迹，我也无法讲述给君王。君王如果一定要让我讲一点什么的话，我就讲一讲

用道德的力量来统一天下、治理天下的王道吧!"

齐宣王颇感兴趣地问道:"请问夫子,用什么样的道德才能够统一天下呢?"

孟子自信而坦然地对齐宣王说:"做一切事都为着使百姓的生活安定和美满,就能够统一天下。"

齐宣王轻轻地拍了拍胸脯,问道:"像寡人能不能做到这一点?"

孟子十分肯定地说:"能做到!"

这简直让齐宣王高兴得差点晕过去。但齐宣王还是一个比较冷静理智的人,他问道:"夫子根据什么知道寡人能够做到?"

孟子说:"我曾听你的一个大臣胡龁说过,有一天,君王坐在宫殿上,有人牵着一头牛从宫殿下走过。君王问道:'牵牛做什么?'牵牛的人回答说:'准备宰了祭钟。'君王说:'看它吓得哆哆嗦嗦的样子,甚是可怜。它任何罪过都没有,却要被宰杀掉,我实在不忍心,赶快放了它吧!'那人问:'那么,就废掉祭钟的礼仪吗?'君王说:'怎能废掉呢?用只羊来代替吧。'不知是不是真有其事?"

齐宣王说:"对,确实有这么回事。"

孟子深信不移地说:"凭着这种心肠,君王就可以统一天下了。"

齐宣王大睁着眼睛摇头道:"统一天下会这么简单?

寡人不懂夫子的意思。"

孟子说："别人都以为君王吝啬，而我却知道君王是不忍心。"

齐宣王说："夫子说得对！齐国虽然不大，但是，寡人也不至于连一头牛都舍不得。我就是不忍心看它那可怜的样子，才下令用羊代替的。"

孟子接着说："人家说君王吝啬，君王也不必觉得奇怪。如果可怜牛，那么羊就不值得可怜了吗？羊小牛大，君王用小的代替大的，无怪乎人家认为君王小气了。"

齐宣王自己也忍不住笑了起来："真是的，人们说我吝啬，倒是在情理之中了。寡人也不知道当时是怎么想的了。不过，寡人的确不是吝惜那点钱财而那样做的。"

"人们这样误解君王，并不妨事。"孟子耐心剖析。"君王的这种不忍心，正是仁爱之心。君王亲眼看到了那头牛害怕的样子，而没有看到羊被杀抖动的样子，所以就不忍心杀死那头牛了，这就是一种仁爱之心。"

齐宣王说："当时我还真是这样想的。"

孟子进一步阐述道："君子对于飞禽走兽，看见它们活着，就不忍心看见它们死去；听到它们的悲鸣哀号，就不忍心再吃它们的肉。因此，君子总是让厨房远远地离开自己的住处。道理就在这里。"

齐宣王钦佩地躬身施礼道："《诗》曰：'他人有心，予忖度之。'夫子之谓也！寡人只是这样做了，可是为什

么要这样做，却说不出个所以然来。经夫子这么一说，我的心头便豁然开朗了。但是，您说这种心情和王道相合，又是什么道理呢？"

孟子说："假如有一个人对君王说：'我的力量足以举起百钧，而不足以举起一根羽毛；我的眼力足以明察秋毫之末，而看不见整车的柴草。'君王相信不相信？"

齐宣王忍俊不禁，掩口笑道："寡人当然不信。"

孟子进一步诱导说："如今君王的仁德已经恩及禽兽了，为什么不能使黎民百姓得到恩泽呢？"

齐宣王不知如何回答，只好默默地听着。

孟子铿锵有力地说："举不起一根羽毛来，不是不能，是不用自己的力气；看不见整车的柴草，也不是没有这个能力，而是不用自己的眼力啊！黎民百姓过不上安定幸福的日子，不是因为君王没有能力施恩泽，而是因为君王不去施恩泽。所以我说，君王你不行仁德来统一天下，不过是不肯为而已，并不是不能为啊。"

齐宣王说："不肯为和不能为有什么区别吗？"

孟子说："假如有一个人，对人家说：'若让我抱着泰山，跳过北海去，我做不到。'这是真的做不到，是不能为。如果他说：'让我为老年人折取一根树枝，我做不到。'这就不是不能为了，而是不肯为了。在我看来，君王不是属于前者，而是属于后者：不是不能为而是不肯为。"

齐宣王有些茫然。

孟子说："'老吾老，以及人之老；幼吾幼，以及人之幼，天下可运于掌。'（《孟子·梁惠王上》，意思是：尊敬自己的长辈，从而推广到尊敬别人的长辈；爱护自己的儿女，从而推广到爱护别人的儿女，要统一天下就像在手心里转动东西那样容易了。）《诗》云：'刑于寡妻，至于兄弟，以御于家邦。'（《诗经·大雅·思齐》意思是：先给妻子做榜样，再推广到兄弟，再进而推广到封邑和国家。）这就是说，只要能够由近及远地把恩泽推广出去，便足以安定天下。如果不这样做，甚至连自己的妻子儿女也保不住。古代的圣贤之所以能够远远地超出凡人，没有别的诀窍，只是他们能够推行仁政罢了。而今君王的恩泽足以及禽兽，而功不至于百姓，究竟为什么？"

齐宣王皱了皱眉头，惨然一笑道："寡人也不知道。"

孟子沉吟片刻，说道："称一称，然后才能知轻重；量一量，然后才能知长短。世间万物皆如此，何况人呢？因此，我劝君王还是考虑一下吧。"

齐宣王低头不语。

孟子说："君王难道要兴兵动武，对内危及臣民的身家性命，对外与别的国家结仇构怨，才感到高兴吗？"

齐宣王摇头道："不，寡人不过是为了满足自己最大的愿望罢了。"

孟子问："但不知君王最大的愿望是什么。"

齐宣王笑而不答。

孟子说:"是因为肥美的食物不够吃的吗?是因为轻暖的衣服不够穿的吗?是因为绚丽的色彩不够看的吗?是因为优美的音乐不够听的吗?还是因为侍候君王的人不够使唤的呢?"

齐宣王连声说道:"不,不,不是为了这些。"

孟子一笑道:"既然不是为了这些,那么,君王的最大愿望我就知道了。君王是想扩张国土,让秦、楚都来朝贡,自己则做天下的盟主,然后再去安抚边远地区的落后民族。"

齐宣王笑嘻嘻地点了点头。

孟子沉下脸色说道:"君王想以武力来满足自己的最大愿望,就如爬到树上去捉鱼一样。"

这句话仿佛是对齐宣王的当头棒喝。他愣了一会神,非常紧张地问道:"夫子,有如此严重吗?"

孟子严厉地说:"君王,恐怕比这还要严重吧!爬到树上去捉鱼,捉不到而已,没有什么后患。但如果用您这样的做法,实现您这样的愿望,而且要费尽心机去干,不但达不到目的,还会有无穷的祸患在后头。"

齐宣王说:"夫子能把这其中的道理讲给寡人听听吗?"声音显然有点颤抖。

孟子问道:"假如邹国和楚国作战,君王以为哪一国能胜?"

　　齐宣王说:"当然是楚国能取胜了。"

　　孟子说:"从这里便可看出,小国不可与大国为敌,人口稀少的国家不可与人口众多的国家为敌。弱国不可与强国为敌。而今整个天下的土地,齐国只占九分之一。以九分之一的力量去和九分之八的力量为敌,这和弱邹与强楚为敌有什么两样呢?"

　　齐宣王骇然。

　　孟子引导说:"君王为什么不从根本上抓起呢?"

　　齐宣王仿佛又看到了一线希望,急切地说:"寡人恭听夫子教诲。"

　　孟子缓慢而清晰地说:"君王若能行仁德,施仁政,天下的士大夫便会来齐国做官,农夫便会来齐国耕田,商贾便会来齐国经商,来往的行旅便会由齐国经过,天下痛恨本国君侯的人也都会来齐国向君王您诉说。如果真的能够做到这一步,又有谁能够抵挡得住君王呢?"

　　齐宣王由衷地笑道:"寡人头脑迟钝、昏乱,希望夫子您能够辅佐我达到目的,明明白白地教导我,我虽然不够聪明,却也想尽我的努力去试一试。"

　　孟子说:"没有固定收入却有一定道德观念和行为准则的,只有士人才能做到。至于一般人,如果没有一定的产业收入,便没有一定的道德观念和行为准则。这样,就会目无纲纪,胡作非为,什么坏事都做得出来。等到他们犯了罪,再加以惩罚,无异于陷害他们。天下哪里有仁爱的君王会去陷害黎民百姓的呢？因此，凡是英明的君王，必定让黎民百姓都有一定的产业。换句话说，一定要使他们的生活有着落，上足以赡养父母，下足以抚育妻小。风调雨顺，当然可以丰衣足食；就是灾年歉收也不至于冻死、饿死。然后再引导他们走上善良的道路，黎民百姓也就自然而然地顺从君王了。"

齐宣王聚精会神地听着，不住地点头称是。

孟子话锋一转："而今则不然。人们的收入，上不足以赡养父母，下不足以抚养妻小。丰收年景，仍然免不了挨冻受饿；灾年荒月，只有死路一条。人们整日挣扎在水深火热之中，又怎能去学习礼义呢？"

齐宣王痛苦地说："寡人也知道现实是这样的，但我却不知应该如何去改变它，请夫子明教。"

孟子说："君王若真想施行仁政，就应该从根本入手。每家分给他五亩地的住宅，在四周种植桑树，那么50岁以上的人便都可以有丝织棉袄穿了。精心饲养鸡豚狗彘之畜，70岁以上的人就都可以有肉吃了。每家给他一百亩土地，并且不妨碍他们的耕种，八口之家便可以过上温饱的日子了。然后再广设学堂，使每个人都懂礼义，知廉耻，上下有别，长幼有序，男子乐其耕，女子乐其织，何愁天下不归顺呢？"

齐宣王拍案慨叹道："从未有人如此明教寡人，他日定会再向夫子求教！"

知言养气

孟子送走齐宣王，回到自己的住室。

公孙丑兴奋异常地走了进来。

孟子说："公孙丑，你坐下！"

公孙丑恭谨地坐在一边。

孟子问："看你的样子，好像有话要说。"

公孙丑问："敢问先生，假若您做了齐国的卿相，能够实现自己的主张，从此，小则可以成霸业，大则可以成王业。真要这样，您是不是会因为任大责重，而有所恐惧疑惑，有所动心呢？"

孟子果断地说："不，我从 40 岁以后就不动心了。"

公孙丑说："如此说来，先生比古人强多了。"

孟子摇摇头："其实，做到不动心并不

难。告子能够不动心比我还早呢。"

公孙丑用索求的目光看着孟子说:"请恕弟子大胆,敢问先生的不动心和告子的不动心有什么不同吗?"

孟子说:"告子曾经说过:'假如不能在语言上取得胜利,便不必求助于思想;假如不能在思想上取得胜利,便不必求助于意气。'我认为,不能在思想上取得胜利,就不去求助于意气,这是对的;不能在语言上取得胜利,就不去求助于思想,这是不对的。"

公孙丑问:"这是为什么?"

孟子说:"因为思想意志是意气感情的主帅,意气感情是充满体内的力量。思想意志到了哪里,意气感情也就在哪里表现出来。所以我说,要坚定自己的思想意志,不要滥用自己的意气感情。"

公孙丑摇了摇头:"弟子不解。"

孟子看着公孙丑说道:"思想意志和意气感情是可以相互影响的。思想意志若专注于某一方面,意气感情便自然而然地随之转移;意气感情若专注于某一方面,思想意志也将随之动荡。比如跌倒和奔跑,这只是体气上专注于某一方面的震动,然而也不能不影响到思想,造成心的浮动。"

公孙丑问:"请问先生擅长于哪一方面?"

孟子自信地说:"我善于分析别人的言辞,也善于培养我的浩然之气。"

公孙丑又问："请问先生，什么叫'浩然之气'？"

孟子笑道："这是很难用语言说得明白的事情。"

看到公孙丑着急而又无奈的样子，孟子凝神静思了片刻，便滔滔不绝地说道："这种气，最伟大，最刚强。用正义去培养它，一点也不加伤害，就能充满上下左右四方，无所不在。这种气，与义和道极为密切，必须与义和道配合。否则，就没有力量了。这种气，是由正义的经常积累而产生的，不是偶尔的正义行为所能取得的。只要做一件于心有愧的事情，那种气就疲软了。所以我说，告子不懂得义，因为他把义看成心外之物。他当然不可能有浩然之气。我认为，必须把义看成是心内之物，悉心培养它，但不要有特定的目的；时刻记住它，更不要拔苗助长。宋国有一个人，希望禾苗快快长高。一天，他跑到地里把禾苗挨个拔高了，疲惫不堪地返回家，对家人说：'今天可把我给累坏了，我帮这禾苗长高了。'他儿子跑到地里一看，禾苗全枯萎了。这件事听起来可笑，其实并不奇怪，因为天下拔苗助长的人是很多的。这种助长行为不但对禾苗没有益处，而且还会伤害它。"

公孙丑又问："怎样才算是善于分析别人的言辞呢？"

孟子答道："不全面的言辞，我知道它片面性之所在；过分的言辞，我知道它失真之所在；不合正道的言辞，我知道它与正道分歧之所在；躲闪的言辞，我知道它理屈之所在。这四种言辞，从思想中产生出来，必然会在政治上产生危害。如果有良知良能的圣人再次出现，也一定会承认我的话是正确的。"

公孙丑说："宰我、子贡擅长辞令，冉有、闵子、颜渊善于阐述道德，孔子则兼而有之，但是他却说：'我对辞令太不擅长了。'而先生您既善于分析别人的言辞，又善于培养浩然之气，言辞道德兼而有之，毫无疑问，您应该是位圣人了吧！"

孟子惶然道："哎！怎能这么说！从前，子贡问孔子：'夫子已经是一位圣人了吗？'孔子说：'圣人，我做不到。我不过学而不厌，诲人不倦罢了。'子贡便说：'学而不厌，智也；诲人不倦，仁也。夫子既智且仁，还不是圣人吗？'孔子坚决不同意他的说法。连孔子都不敢以圣人自居，你却要加在我的头上，怎能这样说呢？"

公孙丑说："我曾经听人说过，子夏、子游、子张都各有孔子的一部分长处，冉有、闵子、颜渊大体上近于孔子，而不如孔子那般博大精深。请问先生：您自以为属于哪一种人呢？"

孟子回避道："我们暂且不谈这些。"

公孙丑另起话题道："伯夷和伊尹怎么样呢？"

孟子神采飞扬地说道："他们两人都是圣人，但也有不尽相同的地方。不是理想的君王便不去服侍，不是理想的百姓便不去使唤，天下太平就出来做官，天下混乱就退而隐居，那是伯夷。任何君王都可以去服侍，任何

百姓都可以去使唤，天下太平也做官，天下混乱也做官，那是伊尹。应该做官就做官，应该退隐就退隐，应该长期做官就长期做官，应该从速退隐就从速退隐，那是孔子。他们都是著名的古代圣人。可惜的是，我都没有做到。至于说我最希望的，便是学习孔子。"

公孙丑问："难道他们还有很大的差别吗？"

孟子答道："是有很大的差别。从有史以来没有人能比得上孔子的。"

公孙丑又问："那么这三个圣人也有相同的地方吗？"

孟子答道："有。如果让他们做方圆万里的君王，他们都能够使诸侯来朝觐，进而统一天下。如果让他们做一件不仁不义的事情，杀一个无辜的人，因而得到天下，他们都不会去做。这就是他们相同的地方。"

公孙丑再问道："那么，他们不相同的地方又在哪里呢？"

孟子说："宰我、子贡、有若的聪明才智足以了解圣人。即使他们有某些缺点，也不至于偏袒他们所爱好的人。你同意这个说法吗？"

公孙丑说："弟子完全同意。"

孟子接着说："我们且看他们是如何赞扬孔子的吧。"

公孙丑侧耳细听。

孟子说："宰我说：'以予观于夫子，贤于尧、舜远矣。'子贡说：'见其礼而知其政，闻其乐而知其德，由

百世之后，等百世之王，莫之能违也。自生民以来，未
有夫子也。'有若说：'岂惟民哉？麒麟之于走兽，凤凰
之于飞鸟，泰山之于丘垤，河海之于行潦，类也。圣人
之于民，亦类也。出乎其类，拔乎其萃，自生民以来，
未有盛于孔子也。"（《孟子·公孙丑上》）

当夜，匡章来访。相见寒暄毕，匡章说："夫子才华
横溢，天下无双。下官有心启奏君王重用夫子，未知夫
子尊意如何？"

孟子说："君王志向远大，但不知能否做到心口
如一。"

匡章笑道："夫子的意思是，还要看看君王的政绩
再定？"

孟子说："要想治理好一个国家，必须长久不懈地努
力施仁行义。欲成大器者必须有大志，欲成大事者必须
有恒心。无志无为者固然可悲，半途而废者何尝不教人
鄙弃。"

匡章说："在下知道夫子的心思了。"

齐宫讲乐

齐宣王在后宫召见孟子。他一见到孟子就喜笑颜开地说:"夫子,您的话非常精辟,使寡人受益匪浅,寡人今天特意召见您,想再一次聆听夫子的教诲。"

孟子感到他的话的确是发自肺腑,便问道:"我曾经听庄暴说过,君王您很喜欢音乐。是这样吗?"

面对孟子,齐宣王有点惭愧地说:"夫子见笑了,寡人不会欣赏古代的圣王之乐,只是喜欢而今流行的一般音乐罢了。"

孟子说:"古代的音乐也好,今天的音乐也好,只要君王喜欢音乐,那么,齐国的强盛就有指望了。"

齐宣王高兴地说:"我就爱听夫子说话,夫子总是能够发现我身上的许多美好

品质。给我努力的希望。可是我还是不明白，喜欢音乐和治理好齐国有什么关系呢？"

孟子反问道："一个人单独地欣赏音乐是一种快乐，同别人一起欣赏音乐也是一种快乐。请问君王，您觉得这两种快乐究竟哪一种更快乐一点？"

齐宣王说："当然是同别人一起欣赏音乐更快乐。"

孟子又问："同少数人一起欣赏音乐是一种快乐，同多数人一起欣赏音乐也是一种快乐。那么君王觉得这两种快乐哪一种更快乐？"

齐宣王说："当然是同多数人一起欣赏音乐更快乐。"

孟子郑重地说："既然如此，就让我来给君王讲一讲欣赏音乐和快乐的道理吧。假如君王在这里奏乐，黎民百姓听到君王笙、管、笛、箫的声音之后都觉得头疼，愁眉苦脸地相互埋怨说：'我们的君王如此爱好音乐，却为什么使我们痛苦到这步田地！父子不能相见，兄弟、妻子、儿女东逃西散！'黎民百姓为什么会这样呢？没有别的原因，就是因为君王只图自己的快乐而不和百姓们一起快乐的缘故。"

齐宣王说："夫子说得对。寡人以往的确是这样做的。以夫子之见，寡人应该怎样做呢？"

孟子说："假如君王在这里奏乐，黎民百姓听到君王笙、管、笛、箫的声音，都感到很高兴，眉开眼笑地奔走相告说：'我们的君王大概身体很健康吧，不然怎么能够奏乐呢？'假如君王在这里打猎，黎民百姓听到君王车马的声音，看到君王华丽的仪仗后，都感到非常高兴，眉开眼笑地奔走相告说：'我们的君王大概身体很健康吧，不然怎么能够出来打猎呢？'黎民百姓这样做，也没有别的原因，就是因为君王能够和他们一起快乐的缘故。"

齐宣王问："果真能如此，又将如何？"

孟子说："君王若果真能够和黎民百姓同乐，黎民百姓将视君王如父母。只要这样，天下就归服了。"

齐宣王仔细品味了许久，猛然抬起头来问道："听说周文王有一个狩猎场，纵横各70里长，真有此事吗？"

孟子爽然答道："不错，史书上有记载。"

齐宣王惊讶地说："果真有这么大吗？"

孟子说："黎民百姓还嫌小呢？"

齐宣王大惑不解地说："寡人的狩猎场只有纵横40里长，黎民百姓就嫌太大了，这是为什么？"

孟子说："周文王的狩猎场，割草打柴的可以进去，捕兽打鸟的也可以进去。这就是说，他和黎民百姓一起享用这个狩猎场。因此，黎民百姓嫌小。

而君王的狩猎场，却与此相反，谁若是在那里割草
打柴、捕兽捉鸟，就成了大逆不道的人，轻者责罚，
重者问斩。对黎民百姓来说，君王的狩猎场犹如一
个陷阱。黎民百姓嫌大，也就不奇怪了，谁能希望
陷阱大呢？"

　　齐宣王哑然。

近贤远佞

又一日，齐宣王把孟子召进宫廷，直言问道："夫子，您觉得寡人的臣属如何？"

孟子不便正面回答这一问题，就沉吟了一会说："从古至今，任何一个天子和诸侯的手下皆有忠贤之臣，也皆有奸佞之臣。"

齐宣王问："那么，夫子认为寡人的臣属之中谁是忠贤，谁是奸佞呢？"

"君王未免有点强人所难了。不过，"孟子稍微一顿，接着说，"在我认识的齐国卿大夫中，平陆宰孔距心是一个有自知之明的人。"

齐宣王眉心舒展，朗声问道："何以见得？"

　　孟子原原本本地把他和孔距心在平陆的对话向齐宣王叙述了一遍,赞扬道:"他不仅是一个有自知之明的人,而且还是一个肯于认错的人。"

　　"肯于认错就值得大加赞扬吗?"

　　"对。"

　　"为什么?"

　　"只有肯于认错的人,才能尽快地改错。"

　　"没有错岂不是更好!"

　　"那是不可能的。"

　　"为什么?"

　　"人非神明。"

　　"照夫子所说,人生在世,有错不要紧,只要改了就好。"

　　孟子兴奋地说:"对,知错就改,不为错也。所以古代的贤者都是知错改错的典范。子路闻过则喜。禹闻善言则拜。君子从不隐瞒自己的过错。其过也,如日月之食,民皆见之;及其更也,民皆仰之。"

　　齐宣王被孟子的言论吸引住了,他真诚地说:"就请夫子指出寡人的过错吧。"

　　孟子笑道:"假如君王有一个臣属,把妻室儿女托付给朋友照顾,自己到楚国游历去了。等他回到家中,他的妻室儿女却在挨饿受冻。请问君王,对这样的朋友应该怎么办呢?"

齐宣王不假思索地说："和他绝交。"

孟子又问："假如卿大夫自身不正，又不能正人，应该怎么办呢？"

齐宣王果断地说："革除他。"

孟子又问："假如一个国家治理不好，又该怎么办呢？"

齐宣王的脸色陡然红了。他左顾右盼，沉默良久，尴尬地说道："寡人怎样做，才能广纳天下贤士呢？"

孟子说："'桃李不言，下自成蹊。'只要君王能够诚心诚意地招贤纳士，委以重任，用人不疑，天下贤士便会接踵而至。"声音不大，但底气十足。

齐宣王不自然地笑了笑，问道："夫子莫非误解了寡人的意思？"

孟子说："我很明白君王的意思。"

齐宣王说："这等重要的事情，谈何容易！"他顿了一下，又重复了一遍，"谈何容易啊！"声音充满了忧郁。

孟子道："十步之泽，必有芳草；十室之邑，必有忠信。就看君王如何对待了。如果君王想用新进的贤士，就应该把那些微贱者提拔在那些尊贵者之上，把那些疏远者提拔在那些亲近者之上。对这种事情，当然应该慎之又慎。左右亲近之人都说某人

好，不可轻信；众大夫都说某人好，也不可轻信，全国人都说某人好，也要经过详细调查，证明他确实好，再任用他。反之也是一样的，左右亲近的人都说某人不好，不要轻信，众位卿大夫都说某人不好，也不要轻信；全国人都说他不好，也要详细调查了解，证明他确实不好，再革除他。君王若能做到如此公正严明，何愁得不到良臣贤士呢?"

　　齐宣王深得孟子的指教，十分敬佩孟子的才德，为表达尊敬与感激之情，公元前 318 年春，齐宣王把孟子封为客卿，并把自己的离宫——雪宫送给孟子居住。孟子于是把母亲和妻子都接了来，一家人终于团聚了。想到自己一生奔波，没有好好孝顺母亲，孟子深感痛心。因此，他十分珍惜这次母子团聚，安排母亲的生活极尽妥帖周到，一日三次到母亲房里请安问候。孟母守着儿子，看着孙子，尽享天伦之乐，她感到十分幸福和满足，一辈子的艰难困苦，现在都化解成轻烟逝去了。就这样过了半年多，91 岁的孟母，留下自己美好的品德，留下三迁择邻、断机教子的美丽佳话，离开了这个世界。孟子把母亲的灵柩护送回邹国，与父亲合葬。丧礼毕，又重返齐国，辅佐齐宣王。两年之后，齐国果然逐渐强盛了起来。

　　一天齐宣王在太子和淳于髡的陪同下，来雪宫看望孟子。正是春暖花开百鸟乱鸣的季节，满园的鸟语花香，让人感受着人间的欢乐。齐宣王看着这活生生的一切，动情地说："太美了！太动听了！"他走进牡丹园，盯着一朵红花看了一阵子，又捧起一朵白花端详了一番，问孟子道："夫子，有道德的贤人也有这样的快乐吗？"

　　"有。"孟子的情绪也被感染了，"如果他们得不到这种快乐，就要埋怨君王了。当然，得不到这种快乐就埋怨君王是不对的。不过作为一国之君，有快乐不同他的黎民百姓一起享受，也是不对的。以黎民百姓的快乐为自己的快乐，黎民百姓也会以君王的快乐为自己的快乐；以黎民百姓的忧愁为自己的忧愁，黎民百姓也会以君王的忧愁为自己的忧愁。能与天下人同乐的君王，必然能一统天下。"

　　"能一统天下"这句话对齐宣王有着巨大的魔力，听到这句话，齐宣王便凝神听孟子的分析和解释。

　　孟子引经据典："从前，齐景公曾经问他的相国晏婴：'寡人想到转附、朝儛两座山上去游游，然后沿着海岸向南行，一直到琅邪。我怎样做才能和过去的圣君的巡游相比拟呢？'晏婴答道：'主公问得太好了！天子到诸侯的国家去，叫作巡狩，就是巡

视各诸侯所把守的疆土的意思。诸侯去朝见天子叫作述职，就是向天子禀明他完成职守的情况。古代圣君从来没有纯粹为游玩而游玩的。春天里巡视耕种的情况，对贫苦农夫加以补助；秋天里考察收获情况，对缺粮农户加以补助。夏朝的谚语说："吾王不游，吾何以休？吾王不豫，吾何以助？一游一豫，为诸侯度。"（意思是：我王不出游，我的休憩向谁求？我王不来走，我的补助哪会有！我王游游走走，足以作为诸侯的法度。）而今却不是这样了。君王一出游便兴师动众，到处筹粮运米。饥饿的人得不到粮食，劳苦的人得不到休息。所到之处人们无不切齿侧目、怨声载道。久而久之，有些人就要为非作歹了。这样的出巡，违背天意，虐待百姓是不可进行的！'景公听了非常高兴，当即开仓放粮，赈济饥民。景公又把乐官叫来，对他说：'给我作一支君臣同乐的歌曲吧！'这个曲子就是《征招·角招》，歌中唱道：'这么好的国君，我们怎能不喜爱他呢？'假如景公不关心他的臣属和黎民百姓，他的黎民百姓能这样赞美他吗？"

齐宣王佩服得翘起拇指说："夫子不愧当今圣人之称号，无事不知，无事不晓。寡人每每受益匪浅。"

反对掠燕

　　孟子在与齐宣王大论王道的时候，燕国发生了一场闹剧。当时燕国国君是燕王哙。

　　燕王哙，任用子之为相，子之有一个好朋友叫苏代，是著名的纵横策士苏秦的弟弟。苏代当时在齐国为宣王所用。有一次苏代作齐国的使臣出使燕国。燕王哙就问苏代说："齐宣王怎么样？"苏代说："一定不会成为霸主，因为他不信任他的大臣。"苏代这样说是为了让燕王重用子之，而昏聩的燕王果然就上当了，重用子之，于是子之在燕国便一手遮天了。

　　后来，又有一个叫鹿毛寿的人对燕王哙说："大王不如把国家让给子之。人们都说尧是贤者，那是因为他要把天下让与许由，但许由并没有接受，所以尧虽有让天下的好名声其实并没有失去天下。现在大王把天下让与子之，子之一定不敢接受，那么，大王不就成了尧一样的贤君了吗？而且也不一定失去燕国。"燕王于是就提出举行禅让仪式把燕国赋予子之，子之虽然没敢接受，但从此子之权力大增。

这时候，又有一个人对昏了头的燕王哙说："当年大禹重用益而让自己的儿子启当一个普通的小吏。他老了的时候，就把天下传给了益。而启又纠合其党人攻打益夺得了天下。这样禹名义上是把天下传给益，实际上是让启自己去夺取。禹有让天下之名而实不失天下。现在大王应效仿大禹的做法，使燕国名属子之而实归太子。"燕王哙贪图虚名，又一次提出禅让，这一次子之不再推让，借机登上了王座。

孟子听到这个消息说："周公立下的规矩是嫡长子即位，燕王破坏了祖宗的规矩，必定会发生混乱。"

果然，子之执政第三年的时候，大将军市被与太子攻打子之，战争延续了好几个月，死伤了几万人，百姓们非常恐慌，燕国大乱。

孟子坚定地对齐宣王说："燕违周礼，致使百姓遭受磨难，现在讨伐燕国，救百姓于水火，就如文王、武王讨伐殷纣王，燕人一定会欢迎大王的。"

齐宣王难得听到孟夫子支持他打仗的话，听孟子这么一说，喜出望外。于是急令将军章子带领全国的兵马

去讨伐燕国。燕国的士兵都满腹怨气，无心作战，他们打开城门，任由齐军占领。不久，燕王哙就死去了。齐军大举攻打子之，子之只好逃亡了。燕人就立太子为王，这就是燕昭王。

燕国局势已定，但章子并没有接到班师回国的命令。原来，齐宣王贪心又起，垂涎燕国，却还举棋不定。

有一次，齐宣王问孟子说："有人劝我吞并燕国，有人又说千万不要吞并燕国，这倒让我没了主意。可是我觉得燕国和我国同是拥有万辆战车的大国，我们讨伐他，五十天便拿下来了，我想这恐怕是天意吧！仅凭人力哪能如此迅捷呢？所以我担心如果不占据燕国，天会降灾给我们的。几天来我一直为这事忧心忡忡，今天特向夫子请教。"

孟子完全猜透了齐宣王的心思，他笑了笑说："《书》云：'天听自我民听，天视自我民视。'（《尚书·泰誓》）天也会照顾民的意愿的。大王之所以能在很短的时间内占领燕国，是因为燕国人觉得自己处在水深火热之中，希望有人来救援他们，吞并不吞并燕国，不是你我所能决定的，这要看燕国人的心愿。如果燕人愿意归属齐国，那大王就可以吞并它；如果燕人不愿归属齐国，大王就不应吞并燕国。如果齐国吞并了燕国之后，黎民百姓的灾难不减，甚或反而加重了，黎民百姓岂肯善罢甘休！"

齐宣王犹豫不决，用手揉揉额头说："待寡人仔细想

一想再行定夺吧。"

不久，章子押回燕国俘虏四千多人，尚有稀世珍宝一大宗。

齐宣王得知这一消息后，立即眉开眼笑地说："把那些宝物送到后宫，让寡人一一过目赏玩。至于燕国的俘虏嘛……通通贬为奴隶，命士兵严加看守，让他们为我齐国加固城池。"

当时的相国储子，还有淳于髡、匡章等人闻听此言，尽皆骇然失色。但多年的从政生涯使他们清醒地认识到，若在齐宣王得意忘形之时去规劝他，他会觉得这是否定他处理政务的正确性，否定他的聪明才智，就会愤怒地迁罪于劝谏他的人。于是几个人都面面相觑，缄默不语。各自退朝离开了。

孟子的雪宫宁静清幽，不时传出朗朗的读书声，或者悠扬的琴声，孟子正坐在自己的书房里，潜心阅读《春秋》，玩味孔子的"春秋笔法"，体会《春秋》的"微言大义"。手捋胡须，啧啧不绝。

"匡大人到！"公孙丑站在门口通报道。

孟子眼睛没离开手中的书，挥手说道："有请！"又不禁拍案叫绝道："妙啊！"

这时匡章已经来到了门口，见孟子如此表情，笑道："夫子何以这样激动？"

孟子上前施礼说："孟轲正醉心于孔夫子的《春秋》，

有失远迎。请匡大人这边坐。”

匡章还礼就坐。尚未坐稳，就开口说道："匡章今日来此……"

话未说完，公孙丑又出现在门口，说道："淳于大人到！"

孟子高兴地说："有请！有请！我们几个人凑齐还真不容易。"

匡章笑了，说："这矮子和我想到一块去了。"

说着淳于髡已经进门了，他一见匡章先是一愣，然后会心地一笑。转而对孟子说道："夫子近来深居简出，莫非要当隐士不成？"

孟子听了匡章的话，又看到淳于髡的神色，就明白了八九不离十，于是就笑道："淳于大人真会说笑话。我孟轲一则年事已高，没有往日的精力了。二则虽为卿士，但毕竟是客卿。客卿者顾名思义……"

淳于髡抢着说："客情也。"

孟子会意地笑了。淳于髡陡然板起面孔说道："在下今日来此，恰恰是想让夫子以主人自居。"

孟子说："请淳于大人与匡大人进客厅叙谈。"

万章又出现在门口，报告说："相国大人到！"

孟子心中不禁一震，这更让他相信齐国一定出了重大事件。他镇定了一下，走到门口迎接，故作轻松地说："今天是刮的什么风啊，竟把众位大人都吹到我这儿

来了。"

储子进了客厅,看见匡章、淳于髡二人先是一惊,继而醒悟过来,感叹地说:"二位大人我们也算是心有灵犀,不谋而合了。"

孟子问道:"各位大人,可是齐国发生了什么大事?"

匡章看了储子和淳于髡一眼,说道:"既然我等同为一事而来,就请相国向夫子说明吧。"

储子并未推辞,轻咳一声说道:"夫子,今日早朝,君王听章子大人说从燕国带回一大宗稀世珍宝之后,当即下令,让人把那些珍宝送进后宫,供他玩赏,另有俘虏4000名……"储子沉吟了一下。

孟子关切地问:"君王准备怎样发落他们?"

储子说:"贬为奴隶,命兵士严加看守,为齐国修筑城池。"

"荒唐!"孟子愤怒极了。"前事不忘,后事之师。从古至今,凡是虐待俘虏的人,都会得到报应。杀了别人的父亲,别人也会杀了他的父亲;杀了别人的哥哥,别人也会杀了他的哥哥。由此可见,他父亲虽然不是他自己亲手杀死的,却与他自己杀死并没有多大的区别。燕国将士是受命于燕国国君而作战的,对亦在燕国君王,错亦在燕国君王。燕国俘虏何罪之有!再说正义之师,焉有抢人掠物的呢?"

储子问:"以夫子之见,应该怎么办?"

孟子说："犯颜直谏啊！"

储子长叹一声："这……"

孟子说："我明白了。诸位大人处世有道，明哲保身，所以齐来我处，想把孟轲推到风口浪尖上去，是不是？"

淳于髡苦笑道："请夫子谅解，我们也是无可奈何啊！再说君王一直对您的话非常信服。"

孟子说："我能体谅到诸位的难处，既然三位大人不约而同地瞄准了我，我自然应该当仁不让了。"

储子、淳于髡和匡章齐声说道："多谢夫子！"

孟子把他们送走，立即驾车奔赴宫廷。

这时，齐宣王正在后宫欣赏燕国的珍宝。他看看玲珑剔透的玉雕，摸摸巧夺天工的铜器，一件件形态不同，一套套各具特色，真是美不胜收，百看不厌。

一侍卫蹑手蹑脚地走到他的身边，轻声说："启禀君王，孟子求见。"

齐宣王正玩到兴头上，听到侍卫的传报，极为扫兴，便没好气地大喊了一声："宣！"

孟子走进宫殿，直截了当地问道："君王，我听说齐军从燕国抓回了许多俘虏？"

齐宣王余怒未消地说："不错，有 4000 多人呢！"

孟子又说："还有许多珍宝？"

齐宣王说："对，有近千件呢！夫子如果喜欢，我可以送一部分给夫子。"

孟子说："我奉劝君王尽快派人将燕国的俘虏和珍宝送还燕国。"

齐宣王站起身来，下意识地挡住那些珍宝，说道："这是为何？"

孟子走近齐宣王，低声而有力地说："诸侯有三宝：土地，人民，政事。以珠玉为宝的诸侯王，一定会招致灾祸的。"

齐宣王愣了一下，随即又说："不，我不会送还的，如今各国征战是为了什么？不就是为了人口和财富吗？寡人击败了燕国，就有权力拥有他的人口和财富。"

孟子说："君王平时要追求的仁政和王道，哪里去了？"

齐宣王说："夫子所讲的仁政和王道的确是美好的，令人神往的，但我想来想去，又觉得那是不可能实现的，如今强国林立，比的是什么？是力量，是计谋，而不是善良，不是仁道。夫子，我仍然非常崇敬您，但夫子的主张未免有点迂腐了！"

孟子说："不仁不义而占领一个国家，这样的事也许有，但是不仁不义而得到天下，这种情况是从未有过的。君王不是想要统一天下吗？有这样的大志，为什么让燕国这样一个小利所迷惑了呢？"

"战败燕国，拥有他的人口和财富，就是我一统天下的第一步，我由此增加了国力，就可以去征服另一个国家。我的力量就会更加强大，我就又可以征服更多的国家，直至统一整个天下。夫子，仁政是不能富国的!"

"按照你的做法，可以占领天下，但不会拥有天下。"孟子停了一下，然后缓慢有力地说："君王，我可以这样明白地告诉你：从这样的道路上走下去，不改变你今天的做法，就是把天下送给你，你也不会拥有一个早晨的!"

齐宣王愣在了那里，大张着嘴，说不出话来，两眼呆呆地看着孟子。

孟子向前深施一礼，雍容地说道："孟轲老矣，应该还归故里了，君王，你好自为之吧!"说完，转身就要离去。

"夫子! 夫子!"齐宣王无望地呼唤着，孟子径直走出了齐宣王的轩昂华丽的宫殿，再也没有回过头。

归里著书

公元前 310 年，孟子回到了自己的家乡。这一年，孟子已经 80 岁了，两鬓苍苍，须眉尽白。他带领弟子们收拾好了学堂，于是朗朗的读书声又在这偏远的山村里响起。

孟子常常拄着一支龙形拐杖，徘徊在院中，也时常仰望着清澈的蓝天，听着书声琅琅，感慨道："留下几颗仁义的种子吧，会有开花结果的那一天的！"

不断有新弟子来到学堂，向他们仰慕的孟夫子求教。

一天，仲子慌里慌张地跑到学堂，泪珠滚滚地说："爹，我娘病了！"

孟子在仲子的搀扶下回到家里，他走到田氏的身边，握住她的手轻声呼唤道："仲子他娘！"

田氏紧闭双眼躺在床上。她听到孟子激动而亲切的呼唤，慢慢睁开眼睛，嘴角上挂上了一丝笑纹。

孟子坐到她的身边，轻声地问："你怎么了？"

田氏想说话，可是只见她张嘴，却听不到她的声音。

室内鸦雀无声，寂静异常。

田氏紧蹙眉头，仍然说不出话来，孟子躬下腰，把耳朵贴到她的嘴边，还是听不到她的话音。

田氏失望了，眼泪夺眶而出。

孟子不停地为她擦拭泪水。

田氏目不转睛地看着西里间。

孟仲子问："娘，您老想要什么？"

田氏眉头一皱，又哭了起来。

孟仲子仔细地看着室内的东西，及至他把目光落到几案上的白布包以后，顿时恍然大悟。他急忙拿过布包，掸去上面的灰尘，呈至田氏面前，轻声问道："娘，您老是要这个吗？"

田氏眼睛一亮，会心地笑了。

孟子从仲子手中接过白布包，小心翼翼地打开一看，顿时热血沸腾。原来里面包的是他亲手写的那两根竹简。这些曾经激励他奋发向上、努力进取的话，竟然被她像珍宝一样地珍藏着。他激动不已，兴奋不已，心想："她与我是那样息息相通、心心相印。"

田氏笑了，笑得非常轻松无碍，是从心底流出来的

那种。

孟子深深地感到，她为自己付出的太多了。几十年来，她上侍奉母亲，下抚养儿子，操尽了心，出尽了力，得到的回报却甚少。想到这些，孟子不禁老泪纵横。

孟子朝夕陪伴着田氏，不停地跟她说着自己的心里话，田氏虽然说不出话来了，但她还能听得到，她听着，笑着，流着眼泪。她最终还是苍白下去了，半个月后，田氏带着笑容离开了孟子，离开了人世。

孟子与仲子以及弟子们把她安葬在邹国四基山的西麓。

孟子也明显地苍老了。眼睛浑浊了，手脚也时常发抖。

有一天，万章等人向孟子请求道："先生，我们商量着，准备把您老一生的言行追述下来，编录成书，流传下去，以启迪后人。"

"好吧！"孟子缓缓地说："为师生不逢时，无缘遇到一位贤明的君主，虽有宏誓大愿，最终也没能实现。若把我的想法留言给后人，后代人或许能从中悟出一些道理。"

他顿了一下，接着说："一定要让后人知道我一生奔波的苦心，是为了天下的和平安定，百姓的安宁幸福。"

弟子们齐声说:"弟子谨记。"

从此,孟子和弟子们经常坐在室内,边回忆,边交谈,边记录,整整忙碌了两个春秋。

公元前302年秋,孟子觉得自己值得记录下来流传后世的言行已经没有遗漏了,内心非常兴奋,他对弟子们说:"我已经老态龙钟了,不久就要离你们而去了。你们何不陪我出去赏秋呢?"

马车缓缓地走在邹国的崎岖山路上。秋意正浓:满山的柿树都变成了火红的一片,高远的天空深蓝深蓝的,秋风扫过艳丽的山包,红叶便送来欢快的沙沙声。

车子走到了通往鲁国的大道上,孟子让公都子停下车,他下了车,望着鲁国的方向感叹道:"从唐尧、虞舜到商汤,经历了五百多年,像禹、皋陶那些人,便是亲眼看到尧舜之道而知道的;像商汤,就只是听到尧舜之道而知道的。从商汤到文王,又有五百多年,像伊尹、莱朱那些人,便是亲眼看到商汤之道而知道的;像文王,就只是听到商汤之道而知道的。从文王到孔子,又是五百多年,像太公望、散宜生等人,便是亲眼看到文王之道而知道的;像孔子,就只是听到文王之道才知道的。从孔子到今天,只有一百多年,离圣人的年代是这样的短,离圣人的家乡也是如此的近,却没有继承的人,这真是一件憾事,太可悲可叹了!"

回到学堂后,万章和公孙丑急忙把这段话抄录在竹简上，编进了书中，这便是《孟子》一书的结尾之章。

公元前302年农历十一月二十五日，孟子忽然感到浑身无力，弟子们把他扶到床上。他指着西里间对仲子说："快去，把我写的竹简拿来！"

孟仲子心领神会，到里面把写有"大道之行，天下为公"的竹简取来，双手捧与孟子说："爹，我拿来了。"

孟子说："把它钉到墙上！"

仲子马上把竹简钉到了墙上。

孟子端详再三，深沉地说道："千百年来，志士仁人都在为实现这个远大的理想而努力奋斗，不过，这不是一代人或者几代人能够实现的宏图远业。我死之后，你们一定要广设学堂，多授良徒，让他们继续为这一目标而奋斗。"

弟子们都涕泪纵横地点头说道："弟子们记住了！"

孟子说："我生不逢时。但是，我相信将来总会有圣明君主问世，我所期盼的那一天定会到来！"说完，凝眸注视着墙上的八个大字，也没说一句话。就这样，孟子为这一美好的愿望奔波了一生之后，又带着这一美好愿望，离开了战乱不断的人间，享年84岁。

这一天是冬至，邹国人闻讯，纷纷啼哭相告，以各种不同的方式哀悼、怀念他们心目中的圣人，这一天，他们没有去行传统的贺冬之礼。弟子们搭起灵棚，为夫子守灵，来自整个邹国的士庶百姓，来自别国的卿大夫

及国君的使者，在孟子灵前叩拜痛哭，络绎数日而不绝。

孟子被安葬在四基山西麓，与田氏合葬在一起。

弟子们在孟子的坟墓周围搭起了许多草棚。他们要住在这里为孟子守孝三年。

三年过后，弟子们要分手，各奔前程了，万章从自己的草棚中提出两大捆竹简，庄严地说："师兄弟们！'大道之行，天下为公'这句话，周公一生在追求它，孔子一生在追求它，我们的老师一生也在追求它。今天，在我们分别之日，我把'大道之行，天下为公'这八个大字送给大家，希望大家不忘夫子的教诲，继续努力，去实现夫子提出的这一美好的理想。"

弟子们郑重地接过了万章认真写出的竹简，向孟子的坟墓再三叩拜，像宣誓一样说道："大道之行，天下为公！"

回声冲出了山谷，向四面八方传去……